所谓管理就是会带人

从管人、管事到管心

快速打造自己的虎狼团队

从低效到高能的员工改造术

邢玉祥◎编著

U0912486

中国出版集团
中译出版社

图书在版编目（CIP）数据

所谓管理就是会带人 / 邢玉祥编著．—北京：
中译出版社，2020.1

ISBN 978－7－5001－6164－6

Ⅰ.①所… Ⅱ.①邢… Ⅲ.①企业领导学
Ⅳ.①F272.91

中国版本图书馆 CIP 数据核字（2020）第 002341 号

所谓管理就是会带人

出版发行 / 中译出版社
地　　址 / 北京市西城区车公庄大街甲 4 号物华大厦 6 层
电　　话 /（010）68359376　68359303　68359101　68357937
邮　　编 / 100044
传　　真 /（010）68358718
电子邮箱 / book@ctph.com.cn

策划编辑 / 马　强　田　灿
责任编辑 / 范　伟　吕百灵
封面设计 / 君阅书装
印　　刷 / 三河市嵩川印刷有限公司
经　　销 / 新华书店
规　　格 / 880 毫米 × 1230 毫米　1/32
印　　张 / 6
字　　数 / 135 千字
版　　次 / 2023 年 1 月第 1 版
印　　次 / 2023 年 1 月第 1 次

ISBN 978－7－5001－6164－6　　定价：32.00 元

版权所有　侵权必究

中　译　出　版　社

前　言

在传统的“官本位”社会，管理者主要依靠外加的权力来达成；而在现代以人为本的“人本位”社会，管理者更多依靠其内在的影响力——即非权力性影响力。

一个管理者是否成功，不再看其身居何等高位，而要看他是否可以带出一批能打硬仗的“兵”，使组织取得良好绩效。

常言道：“单丝不成线，孤木不成林，浑身是铁能打几根钉子。”

作为管理者，如果不会带人，事必躬亲，必然难以提高组织绩效。只有学会带人，挑选合适的员工，悉心栽培，让他们各自发挥所长，为自己所用；同时加以有效管理，信赏以劝其能，刑罚以惩其恶。如此，才能带出一支精锐强干的队伍。

针对管理者如何带人，笔者根据多年工作经验，总结出了一些心得体会。

全书共分为九章，分别介绍了管理者如何打造魅力人格，如何选拔员工、培养员工、使用员工、管理员工、激励员工、惩戒员工，如何处理员工的消极情绪，如何与员工有效沟通，并总结了管理者常见的工作误区，希望可以为广大读者朋友提供有益的参考。

在竞争日益激烈的今天，中国的企业面临着来自世界各地的压力。

在不断变幻的外界环境中，只有优秀的管理者才能影响和带领他人实现组织的目标，在竞争中得以立足和前进。

学会带人，有助于管理者在工作中充分发挥其影响力，团结和影响下属，共同实现组织的目标。

目　录

第一章　打造管理者魅力人格

第二章　选拔员工——治安之本，唯在得人

第一章
打造管理者魅力人格

自始至终把人放在第一位，尊重员工是成功的关键。

——托马斯·沃森

管得少，就是管得好。

——杰克·韦尔奇

成功的企业领导不仅是授权的高手，更是控权的高手。

——彼特·史坦普

让管理者人格熠熠发光

人格魅力指一个人在性格、气质、能力、道德品质等方面具有的能吸引人的力量。在今天的社会里，如果一个人能受到别人的欢迎、接纳，实际上就说明他具备了一定的人格魅力。

那些优秀管理者都懂得他们之所以被上司看重，被员工拥护，就是因为他们自身有独特的人格魅力。

比如，联想集团创始人柳传志，在联想初创时期，他的人格魅力表现在胸有大志、有极强的进取心、谦和、从不树敌。在联想创业的初期，有一次，柳传志被一名客户给轰了出来，但是回到家柳传志就安慰自己说："我不跟你一般见识。"柳传志不和客户计较的原因就是胸有大志，要为联想的发展考虑，因此才能忍受这些，从另外的角度来看待这一切。

柳传志的人格魅力还表现在恪守诚信、说到做到、办事公正。正是因为他自身具备这些人格魅力，因此员工才心甘情愿追随他，和他一起打拼，把一个小小的公司发展成今天的"巨人"。柳传志也从当初的管理者做到了联想"金字塔"的顶端。

在联想做大后，柳传志也能以"自我管理"的方式"感召他人"。他的这种人格魅力不仅吸引了内部的员工，就连很多局外人也被他的个人魅力吸引。柳传志有一个习惯，每个月总会用那么两三天强迫自己安静下来，读一读史书，闭门静思，既想当下，更想未来。这是一种内心的修炼，也是柳传志宽广胸怀和从容心态的根源所在。他明白，人格魅力是获得人心的法宝。正是因为他了解这一点，因此他在从管理层中选自己的接班人时十分注重他们是否具有人格魅力。这一点，在他写给杨元庆的信中可以看出。

柳传志坦陈，自己喜欢有能力的年轻人。但是，除了这一条以外，他还希望年轻的领导者在感情上要配合好，和前任搞好关系。他心目中的年轻领导一要有德，还有一条就是能实心实意地对待前任开拓者们，让创业者们交班后能得到一份从物质到精神的回报。另外，年轻的管理者还要有一颗公心，和对伙伴的大度、宽容心，能虚心地看到别人的长处，反省自己的不足，等等。因此，柳传志希望从这个方向去培养杨元庆。从这封信中我们可以看到，柳传志对接班人考核的不仅是其自身能力，更多的是他们的一些素质、品德、处世艺术等，即是否具备人格魅力。

而杨元庆之所以能被柳传志看中，就是因为他自身的性格、气质、能力等基本上符合柳传志所要求的标准。而在员工看来，杨元庆最重要的特质是很有志向，眼高手不低，认真负责，说到做到，一丝不苟。任何事情，只要杨元庆关注并动手去做，几乎就没有做不成的。另外，他务实低调，做了也不说，这就是杨元庆的人格魅力。这一点，不仅上司看好，同事看好，员工也看好。因此，杨元庆才从众多的管理者中脱颖而出。

其实，不仅是柳传志、杨元庆这些大名鼎鼎的成功人物，很多企业中那些优秀管理者，那些起着栋梁作用的支撑者也都具备了独特的人格魅力，或者是热情无比，或者是处事公正，或者是气质、形象、风度受到员工喜爱等。这些都是他们独特的人格魅力。

一般来说，在企业发展的不同阶段，需要任用有不同人格魅力的管理者。

比如，在企业开拓阶段，管理者大刀阔斧，敢闯敢干，身先士卒并冲在最前面就能赢得员工的爱戴；在企业发展阶段，管理者有创新意识，能带领员工实现一个个新的跨越，就容易得到老板和员工的喜爱；在企业稳定阶段，管理者办事稳健，处事公平，就能凝聚人心；当企业达到一定规模以后，管理者关心员工的成长，自己能看淡荣辱，并且能大度地把舞台、荣誉和权力让给年轻人，这也是他们人格魅力的体现。

正因为他们具有这些独特的人格魅力，因此才吸引着追随者和他们一道去披荆斩棘。

可见，要做优秀管理者，就要在自身人格魅力方面修炼自己，打造出自己独特的职场魅力品牌，就可以熠熠闪光。

清正廉洁得人心

廉，即清白高洁，不贪心。屈原在《楚辞》中说："吁嗟默默合，谁知吾之廉贞？"廉，俭约，便宜。

用廉来评价人，含正直、清廉、公平之意。古代为官的人，有少数能够认识到，廉不仅是一个人的修养、品质，它还可以演化出一种作风，养成一种风气，成为一种统御方法。古语云：吏不畏吾严，而畏吾廉；民不服吾能，而服吾公。

公生明，廉生威。管理者从自身做起，自身清廉，淡泊明志，宁静致远，必然能提高管理效率。正因为廉有如此大的作用，中国古代才把廉作为好官的主要标准。

《三国志·李通传》中记载，司马懿曾提出：“为官长当清、当慎、当勤，修此三者，何患不治乎？”把清廉当作为官的首要条件。

南宋吕祖廉曾提出：“当官之法，惟有三事：曰清、曰慎、曰勤。”也是清廉在先。

中国几千年来的历史中，的确有些为政者以清廉、公正、无私为本，以廉生威，拨乱反正，造福一方，赢得人民的信赖。历史上的包拯就是其中之一。

包拯一生清廉。史书上说包拯后来虽然做了大官，地位很高，但穿的衣服、用的器具、吃的东西，都和他做布衣平民时没有什么两样。他被任命为陕西转道使后，本来应该穿上绘有新等级标志的“章服”上任，以示尊荣。而他偏不，穿着原来的衣服就赴任去了。宋仁宗听后，十分赞赏，特地差人骑快马去追包拯，把三品图纹的章服赐给包拯。

端州盛产砚石，早在隋唐之际端砚就久负盛名。历任官员在向朝廷交纳砚台时都要借机勒索，额外增加数量，加重人民负担，结果弄得老百姓怨声载道。包拯到任后，一改旧习，命砚工按进贡数量制作，自己一块不留，此举深受百姓欢迎。包拯离任时，砚工特地精制了一方好砚送给他作为纪念，他婉言谢绝。

包拯以清正廉明为本，逐渐形成牢固的威信。史书记载说：“贵戚宦官为之敛手，闻者皆惮之。”开封府署旁有一块题名碑，凡在开封府任过府尹的，都在碑上刻下姓名和任职时间。包公曾任开封府尹一年多，也刻了上去。凡是到此地来的人，为表达敬慕之情，都用手指抚摸“包拯”二字，结果包拯的名字都被摸得模糊了。现在这块碑石还保存在开封历史博物馆里。

俗话说，身正不怕影子斜。如果为官的都廉洁不贪，那么整个国家的政治也就搞上去了，经济实力也强盛了。盛唐时国力强盛，回族来朝，盛况空前，靠的就是一个“廉”字。管理企业，也是同样的道理。

舍得把功劳让给下属

一个高明的领导不但会与下属一起分享荣誉，有时还会故意把本属于自己的那份功劳推让给下属。

身为上级将自己的功劳让与下属，或许你会认为这样损失太大而不愿意。但若本身实力雄厚，足以建功立业，即使想“吃亏”也是不可能的。

某一民族视富有者施惠予贫穷者乃天经地义之事。不仅如此，据说施惠的富有者还必须感谢受惠的贫困者：“因为你才使我有机会做善事。”“我之所以能够‘施惠’是托您的福。谢谢！”在宗教上，他们深信此“施惠”行为可以得到神的庇佑。因此，施惠者必须对给予自己机会的人——贫困者持有感谢之心。

施惠者有时亦会被对方要求道谢：“因为我，你才能获得幸运，所以你必须谢谢我。”此民族的想法不太容易被我们所接受，不过，仔细思考之后，你会发现这并非毫无道理。虽然在层次上有些微的差异，但是经理和下属之间不也存在着类似的关系吗?

当你将功劳让给下属时，切勿要求下属报恩，或者摆出威风凛凛的态度。因为下属可能会因此而感到自尊心受损，进而在工作中采取反抗行动。如此一来，反而得不偿失。

你应该心甘情愿地把功劳让给下属，并且对其表达感谢之意。换言之，你该换个角度想，由于你身在一个可以使你“施惠”的公司，并且拥有值得你“相让”的下属，才能让你尝到满足的滋味，这一切都是值得感恩的，下属必定会将此恩惠牢记在心，在公司出现问题时即可发挥作用，而在平时，下属也会感激上级。

如果领导者能持有这种心态，相信你所得到的喜悦将是不可限量的。而在如此充满和谐气氛的公司里，上级与下属之间也绝不会发生摩擦。

把功劳让给下属这滴水之恩，却可以令下属以涌泉相报。孰得孰失，人人自明。与此同时，当团队工作出现失误的时候，如果有必要，领导者也可以把过错一个人揽下来。

权力越大，责任越大

在上古时代，人人都是平等的。权力的起源，是因为某个人显示出来特别的才能，能够用智慧帮助大家解决一些难题。这些被帮助者为了珍惜此人的才智，就相约一起供奉他，让他免除繁重的体力活，并在生活上得到优待。

当大家对这个人的信赖达到一定程度后，他就拥有了支配他人的权力。这种权力，其实是一种责任，一种带领大家在虎豹横行的丛林中活下去的责任。

尤里西斯·辛普森·格兰特生于1822年，21岁毕业于西点军校。参加过美墨战争，于32岁退役。南北战争爆发后，他在伊利诺伊州加利纳协助招募和训练部队。后任志愿军团长、旅长，在西部战场作战。

1862年1月27日，林肯总统发布向南军发起总攻的命令，格兰特率领17000名士兵在炮舰配合下，沿着田纳西河挺进。

2月6日攻下田纳西河上的亨利要塞，几天后又包围了孔伯兰河上的唐纳尔逊要塞。当时该要塞内的守军兵力雄厚，因此，作战极其艰难。格兰特带领其部下冒着敌人的炮火连续不停地发起猛攻，南军招架不住，要求停火，派出代表来谈判，想要投降。格兰特断然要求敌人立刻无条件投降。

2月16日，敌人被迫接受，14000多名南军士兵当了战俘。唐纳尔逊战役是联邦军队在内战中的第一次大捷，格兰特从此获得了“要敌人无条件投降的将军”的称号。

此时的北军在东部战场的情况却很不乐观，在李对抗下，北军陷入了苦战。所以当林肯听到这个消息后，很兴奋，当即擢升格兰特为少将。

40岁荣升为少将的格兰特可谓春风得意。当记者问到他的升职感受时，他只说了一句：责任更大了。

四年后，格兰特晋升为陆军上将，不久又就任代理陆军部长。1869年，也就是他47岁时，他登上了美国总统的宝座。

当记者问到他当选总统的感受时，他只说了一句：责任更大了。

"责任更大了。"短短几个字，道尽了权力与责任之间的关系。当格兰特作为少将驰骋沙场时，他需要承担的是某个具体战役、数万名士兵生命的责任；而当他贵为总统时，则需要承担亿万美国人福祉的重任。

在管理实务中，权力与责任成正比。权力越大，责任也就越大。作为领导者，在老板或股东给你权力的同时，也给了你一份沉甸甸的责任。

责任是一个神圣的承诺，在它身上承载着一个不渝的使命，它能让人战胜胆怯，也能使人卓越。无数在战场上冒着枪林弹雨前进的战士都说明了这一点。他们只是因为信守了"军人以服从为天职"的承诺，才变得如此勇敢与机智。没有责任心的军人不是合格的军人，没有责任心的人不是优秀的人。

有一个利用周末打工的男孩，给布朗太太打电话问："您家的草坪需不需要割草工？"

布朗太太回答说："不需要了，我已经有了割草工。"

男孩不死心："我还会帮您拔掉草丛中的杂草。"

布朗太太回答："我的割草工已经做了。"

男孩进一步说："我会帮您把草与走道的四周割得很整齐。"

布朗太太说："我请的那人做得很好，谢谢你，我不需要换割草工。"

男孩便挂了电话。他的好朋友问他："你不是就在布朗太太那儿割草打工吗？为什么还要打这个电话？"

男孩说："我只是想知道我做得如何！"

多问"我做得如何"，就是一种责任感。故事里的男孩不好意思当面问（也可能认为当面问会得不到真实答案），职场人士则不妨直接问上司：

"× 总，您认为我的管理短板在哪里？"

"× 总，您觉得我所负责的部门最大的问题是什么？"

"× 总，这是本周的工作日志，请过目并指示！"

……

这种问题不需要专门去问。在与上司开会、聊天时，完全可以巧妙地融入对话中。

"除了问上司之外，下属那里也需要勤问：

"工作上有哪些困难？"

"你认为完成本月目标的最大障碍在哪里？"

"对这项规定，有哪些意见与建议吗？"

……

通过会议、一对一面谈、设置意见箱等多种方式，拓展你收集意见的渠道。如果你能做到从善如流，下属们提意见的积极性就会大增。

此外，你还需要问自己，也就是自省。学者南怀瑾说，"曾国藩一生共有十三套学问，但流传后世的只有一套，即《曾国藩家书》”。如果我们细读《曾国藩家书》，就会发现其中除了对晚辈的教诲外，曾氏自省的文字比比皆是。

作为领导，自省应该“省”些什么——

我今天哪些工作做对了？

我今天哪些工作做错了？

我是否一碗水端平？

……

责任感是不容易获得的，原因就在于它是由许多小事构成的。你需要从心态、作风、习惯这三大方面，对自己的所作所为进行深刻细致的自省。

“以铜为镜，可以正衣冠；以古为镜，可以知兴衰；以人为镜，可以明得失。”职场上，你有了上级、下属与自己这三面镜子，定能更清晰地看清自己、检讨自己，进而修正自己、提升自己、成就自己！

做下属的好榜样

作为领导者，人人都想拥有“振臂一呼，应者云集”的号召力。这个号召力绝不是一个领导者职权所能赋予的。没有真心追随者的领导者，剩下的只是职权威慑的空壳。

在战场上，如果有军官站在队伍的后面，拿着枪喊“弟兄们，给我上”，士兵们可能不会那么奋不顾身地往前冲。如果有军官站在队伍的最前面，手枪一挥，大声喊：“弟兄们，跟我上！”身先士卒，士兵们就会奋勇向前，不畏生死。

有一天，一位母亲带着小儿子去拜见甘地，对他说："我儿子非常喜欢吃糖，医生说这样对他不好，但没人能够阻止他。我儿子非常崇拜您，只有您能制止他这种行为。请帮帮忙。"

甘地对这位母亲说："你们两个星期后再来。"

"可是我们走了三天三夜才来到这里。"妈妈抗议。

甘地仍坚持说："你们两个星期后再来。"

两个星期后，母子俩再度出现。

"甘地先生，请告诉我儿子不要再吃糖了。"妈妈恳求。

甘地看着那个小男孩说："小朋友，你不要再吃糖了。"

小男孩点点头，答应了。

妈妈道谢之后，忍不住问："甘地先生，这句话为什么两个星期前不能说呢？"

"因为，"甘地说，"那时我也嗜糖，我用了两个星期的时间来戒糖。我必须先戒掉吃糖的习惯，才能和孩子说。"

甘地被誉为印度"圣雄"，对自己的要求非常高。哪怕是要求小孩戒糖，他也自己先戒，可谓以身作则之典范。甘地号召印度人抵抗英殖民地，抵制英货，他自己率先示范，亲自耕地，亲自织布。正是在这样的感召下，印度人才得以团结起来，取得最终的独立。

试问，如果甘地放不下留洋博士的架子，要求别人抵制英货自己却使用英货，印度民众会信服他、追随他吗？答案显然是否定的。当然，抵制英货这种大节，相信一般的领导者都会做到，但你能做到亲自耕地、亲自织布吗？能做到要求小孩戒糖之前自己先戒糖吗？

“你的下属一看你的样子，便明白你对他们的要求。”要让别人跟着你转，你就要能吸引人家而且比别人转得更快。

有个女孩，大学毕业后到东京帝国酒店当服务员。上司安排她洗厕所，并告诉她：必须把马桶擦洗得光洁如新。

女孩当然明白“光洁如新”的含义是什么，但她觉得实在很难达到。为此她曾不止一次地哭鼻子。

她的一位前辈知道了，就来到她的工作场所。前辈没有用空洞的理论去说教，他亲自示范了如何洗马桶。他一遍遍地擦洗着马桶，直到8遍后终于擦得光洁如新。然后，他从马桶里盛了一杯水，一饮而尽！

身教胜过言传。女孩痛下决心：就算一生洗厕所，也要做一名洗厕所最出色的人！

多年后，女孩成为日本政府的内阁大臣之一——邮政大臣。她的名字叫野田圣子。

喊破嗓子不如做出样子。将“照我说的做”改为“照我做的做”。然而，现在有些领导者总对他的员工说：“照我说的做。可他们不明白，这是下下之策，真正的上上之策应该是：“照我做的做。

1. 带头遵守规章制度

很多企业最缺的不是制度，而是对制度的执行。

公司的工作制度能否有效执行，重点在于领导是否有正确的自律意识。领导只有身体力行，以身作则，才能建立起人人遵守的工作制度。

李嘉诚曾说："企业领导人的一言一行，一举一动，无不被员工看在眼里，对员工的行为施加影响。领导要求员工做到的，领导必须首先做到，领导禁止员工去做的，领导也必须首先禁止。"

联想集团有个规矩，凡开会迟到者都要罚站。这个罚站时间很短，但很尴尬：会议停下来，静静地看着被罚站者站一分钟。柳传志说："有点像默哀，真是挺难受的一件事情。"

罚站规矩颁布后，第一个撞枪口的是柳传志的老领导。老领导主动罚站，在众目睽睽之下大汗淋漓。柳传志也被罚过，在博鳌亚洲论坛 2014 年会上，柳传志出席新浪微博之夜并发言：

> 我被罚过三次，不管什么原因。有一次是在酒店里开会，开会之前我去上洗手间碰见我们科学院的院长了，我就不好意思跟他说，跟他握了手立刻去开会。那老早以前的电梯，联想自己的电梯没那么坏。但是你严格这么做了以后，所有人都知道这就是规则，没有人敢触犯规则。

立下的规矩是要遵守的，不仅员工要遵守，领导更要带头遵守。领导者既是一个组织中发号施令的人，也是这个组织中的排头兵，你得让你身边的兵向你看齐，用你的行动来影响他人。

有些领导，口里说一套，手里做一套；要求别人一套，要求自己又是另一套。制定的一些规章自己不遵守，提出的要求自己做不到。好比黑夜里拿着一个手电筒，专照别人不照自己。他们显然无法赢得员工的信任和尊重。以公司的电话私用为例，如果领导都无法做到不打私人电话，却想要员工根除公话私用的问题，就有些自欺欺人了。

2. 以身作则的 28 个习惯

下属们也会模仿上级的好习惯与坏作风。如果你坚持当天的事当天做完，并习惯在下班前把办公桌清理一下。过不了多久，你的下属就会照着你的样子去做。

反之，如果你桌子上一片狼藉，上班时私人电话打个不停，相信你的下属也会有样学样。

作为领导者，请养成如下 28 个好习惯。这不仅有益于你，也有益于你的团队：

不说“不可能”三个字。

凡事第一反应：找方法，而不是找借口。

有空多读与工作有关的书。

不说消极的话，不落入消极情绪，一旦出现立即正面处理。

凡事先订立目标，并尽量制作“梦想版”。

凡事预先制订计划，尽量将目标视觉化。

随时用零碎的时间（如等人、排队等）做零碎的小活。

守时，恪守诚信，说到做到。

随时记录灵感。

把重要的观念、方法写下来，并贴起来，以随时提示自己。

走路比平时快 30%。走路时，脚尖稍用力推进；肢体语言健康有力，不懒散、萎靡。

每天出门照镜子，给自己一个自信的笑容。

每天自我反省一次。

每天坚持一次运动。

时常运用“头脑风暴”。

听心跳 1 分钟、在做重要事前、疲劳时、心情烦躁时、紧张时。

开会坐在前排。

微笑。

用心倾听，不打断对方说话。

说话时，声音有力。感觉自己声音似乎能产生有感染力的磁力。

同理心。说话之前，先考虑一下对方的感受。

每天有意识、真诚地赞美别人三次以上。

及时写感谢卡，哪怕是用便笺写。

不用训斥、指责的口吻跟别人说话。

控制住不要让自己做出为自己辩护的第一反应。

不管任何方面，每天必须至少做一次“进步一点点”。

每天提前 15 钟上班，推迟 30 分钟下班。

每天在下班前用 5 分钟的时间做一天的整理性工作。

正如德鲁克所说的："领导就是以身作则来影响他人。"特别是中层以及基层领导，可以说是一个团队的先锋，也是员工体会公司文化和价值观的第一个接触点，自己本身的工作能力、行为方式、思维方法甚至喜好都会对团队成员产生莫大的影响。这些方面领导者一定要勇当下属学习的标杆。

3. 如何以身作则

领导者以身作则的表率作用非常重要，这对下属既是一种震撼，也是一种感召。那么，领导者如何做到以身作则呢？不妨用以下方法：

（1）具有自我管理素质

善于自我管理的领导者能够独立思考、工作，无须严密的监督。

（2）忠于一个目标

大多数人都喜欢与将感情和身心都奉献给工作的人共事。除了关心自身，领导者应忠于某样东西，如一项事业、一件产品、一个组织、一个工作团队或一个想法。

（3）培养自己的竞争力，竭尽全力以达到最好的效果

领导者掌握着对组织有用的技能。领导的绩效标准应比工作或工作团队要求的要高。

（4）有魄力，讲诚信

领导者独立自主、有判断力。员工可以信任他们的知识和判

断力。他们有较高的伦理道德标准，值得信赖，并且勇于承认自己的错误。

正如德鲁克所说的：“领导就是以身作则来影响他人。”

中层领导与基层领导，既是一个团队的先锋，也是员工体会公司文化和价值观的第一个接触点。中层领导与基层领导的工作能力、行为方式、思维方法甚至喜好等，都会对企业员工莫大的影响。这些方面领导者一定要成为员工学习的好榜样，勇当下属学习的标杆。

提升情商，扩大自身影响力

前微软中华区总裁李开复认为：在职场，情商比智商更重要。现在公司员工流行的一句话：智商决定录用，情商决定提升。

所谓情商，简单地说就是“情绪智慧”。“情绪智慧”高的人，能够有效地用自己的情绪去影响别人，让别人喜欢、拥护、追随自己。

在领导者素质中，智商是基础，情商是升华。哈佛大学心理学博士丹尼尔·戈尔曼曾花了多年的时间，对 188 家大型的跨国公司进行了跟踪研究，结论是：高情商是成为卓越领导人的必要条件，而且职位越高，其情商在绩效中所起的作用就越大。丹尼尔·戈尔曼还将同一级别的管理人员做了对比研究，发现他们之间的差异有 90% 源于情商。

高情商的人最适合管理团队，因为能够清楚地了解自己，善于体察别人的感受，富于同情心，对人体贴、关怀；能有效地控制自己的负面情绪，不让心里的魔鬼伤害到别人；在遇到困难和挫折时，自己不仅不会长久地沉浸在沮丧的情绪中，还会义无反顾地率领大家走出困境。这样的人一定会成为公司最需要的领导者，实际上，他们不管在哪个环境里都会脱颖而出，成为对别人具有巨大影响力的人。

秦末楚汉之争，我们都知道是“宵小”刘邦打败了“英雄”项羽。

平心而论，无论是出身，还是武功，作为楚国名将之后的项羽都将刘邦甩出好几条大街。可是为什么最终刘邦执牛耳?

在史书上，我们总看到项羽怒、大怒、暴跳如雷，而刘邦则善于控制情绪。《史记》中记载，楚汉相争初期，刘邦从彭城到荥阳，一路败退，差点连性命都丢了。

退到广武山时，刘邦召集残部利用鸿沟天险，死守城池，任项羽如何骂阵也绝不出击。情急之下，项羽将在彭城俘获到的刘邦父亲剥光扔在案板上，支起大锅，烧起旺火，威胁刘邦说再不开城决战，就要将其父烹杀。刘邦的回答很冷静：我们曾是结拜弟兄，那么我的父亲就是你的父亲，所以烹我的父亲就是烹你的父亲；如果非烹你的父亲不可，那么就分给我一杯肉汤。

后世有很多人为此攻击刘邦，说他连父亲也不要，甚至还说要喝肉汤，真是贱人、流氓。而实际上，始作俑者是项羽，用对手的父亲来要挟对手不是更下作吗?

公元前206年，刘邦率先攻入秦国咸阳，不杀秦国投降的人，将秦国国库里的财宝封存，并与父老约法三章：杀人者死，伤人及盗者抵罪。

没多久，项羽引兵也杀进咸阳，杀了投降了的秦三世子婴，烧了秦宫室，带领士兵抢得大量财物与美女。

项羽在胜利面前被冲昏了头脑，在失败面前也被气晕了头脑。项羽兵败乌江，无颜见江东父老而自杀，实际上是没有勇气的懦夫行为。而刘邦则能屈能伸，在鸿门宴上谦辞卑礼，任由项羽违背“先破秦入咸阳者王之”的约定，率军离开关中大片的沃土进驻狭窄荒蛮的汉中。

起事之初，项羽手下人才济济，如韩信、彭越、英布、陈平、叔孙通，这些一等一的人才后来陆续投奔了刘邦。只有刘邦具备恢宏的气度和掌控情绪的力量，泰然自若地面对各种刁难，减少摩擦，化解冲突。

像项羽那样动辄大怒的领导者，很快就会尝到众叛亲离的味道。美国前总统布什说：“你能调动情绪，就能调动一切。”工作中难免出现一些磕磕碰碰，领导者若是情商不高，很容易造成团队情绪的不稳定。

1. 驾驭情绪爆发的烈马

哈佛商学院教授小约瑟夫·L·巴达拉克在《沉静领导》一书中，推崇“领导不语，沉静而御”的领导观。他认为“大多数卓越领导者通常并非公众英雄”，只不过是一些人平凡的坚持，有些平淡、有些拖沓、有些不显山不露水的平常之人，作者称之为“沉静领导”。

沉稳如山，平静若水。山因沉稳而威严，水因平静而深邃。

作为领导者，最难驾驭的情绪“烈马”是愤怒。各种利益、冲突、误会纠结、堆积在一起，极易导致领导者倚仗手里的权势而发飙。

以下有三大秘招要传授给你，助你驾驭好情绪爆发的“烈马”。

（1）情境转移法

怒火蹿上来的时候，对那些看不惯的人和事越看越气、越看越火，此时不妨来个“三十六计走为上策”，强迫自己离开使你发怒的场合。暂时搁置工作，去找别人聊聊天，去冲一杯咖啡，或听听音乐、看看窗外的景色。总之，做点事情，这样，情绪就会过去。

（2）评价推迟法

怒气来自对“刺激”的评价，这个刺激在当时你使“怒不可遏”，可是如果过几分钟、几个小时、几天后，你多半会认为当时的怒火完全“不值得”。所以，当你隐约感觉怒火升腾时，先坚持一分钟！

（3）目标升华法

怒气是一种强大的心理能量，用之不当，伤人害己；使之升华，会变为成就事业的强大动力。要关注远大的职业目标，更多地从大局、从长远去考虑一切。所谓“大人不记小人过”，其实质往往是不屑于计较。

无论采取哪种方法来遏制怒气，在等情绪平复后，都应该勇敢回来面对冲突并妥善解决；否则，问题一直堵塞、无法排除，积压一久，反而更添烦恼。

值得注意的是，“沉稳如山，平静若水”并非是一成不变的，否则就很容易成为老好人或软柿子，在重大的问题上该坚守的、该针锋相对的，完全可以采取凌厉的方式。就像一湖平静的水，并非软弱无力，它一旦突破堤岸，会产生巨大的波涛。

熟悉李彦宏的人都知道，他是一个笑呵呵的“大男孩”。克制、谦逊，甚至“冷静得可怕”。但李彦宏如果只是沉克制、谦逊、冷静，百度就很难完成战略上的跨跃。

2001 年 8 月，李彦宏发现百度主要充当为其他门户网站打工的角色：市场越来越大，公司却根本不挣钱，名气也没有。他意识到商业模式出了问题，开始主导公司转型，百度自己出来单练做搜索门户，并引入搜索竞价排名。该举动必然立刻得罪中国炙手可热的几大门户网站，因此董事会一致反对。

这时，李彦宏出马了，不再冷静，不再讲一团和气，不再安静地听取别人意见。他大叫大嚷了一整天，拍桌子、瞪眼睛，终于“说服了”董事会，或者说是“吓着了”董事会。

领导需要有点个性，但不能耍个性。要懂得何时该收，何时该放。《成功》杂志的创办人奥里森·马登，在他的著作《高贵的个性》中讲了一则小故事：

当帕利什尔这位年轻的领袖用鞭子抽打一位军官时，这个军官愤怒地拔出一把手枪，然而手枪却没有打响。帕利什尔冷静地说：“我要关你三天禁闭，因为你没有准备好自己的武器。”

我要讲的是，我们不仅要学习管理自己的情绪，还要去面对别人的情绪。如果你有能力驾驭好自己的情绪，就能更好地应对别人对我们的情绪，对不对?

2. 善用幽默影响力

幽默是个人魅力、活力、能力、教养的标志之一。作为一个带领下属的领导者，老是以一副古板、严肃的面孔亮相，便得不到下属的喜爱与拥戴。

丘吉尔说过："除非你绝顶幽默，否则就无法处理绝顶重要的事，这就是我的信念。"

丘吉尔在任国会议员时，有位女议员十分嚣张。一天，她居然在议席上指着丘吉尔说："假如我是你老婆，一定会在你咖啡杯里下毒。"

狠话一说，人人屏息。却见丘吉尔顽皮地笑答："假如你是我老婆，我一定会一饮而尽。"结果，女议员和全场人士哄堂大笑。

传统的领导者，总是给我们一种监狱长或学校教导主任的印象：一脸古板，不苟言笑。似乎只有这样才"像"一个领导者。其实不然，领导者并没有一个统一的画像。即使有统一的画像，画得幽默风趣点也会更加耐看。

抗日战争初期，入侵中国的日军大多训练有素，枪法很准，让不少国军新兵不敢与其对射。

一次，第六战区司长官陈诚视察阵地时，有个正在修筑工事的新兵问他："长官，鬼子打枪为什么总'啪啪啪，啪啪啪'三发连发？"

陈诚回答："'啪啪啪，啪啪啪'意思就是在问你'怕不怕？怕不怕？'，你呢，应该还他连发'啪啪，啪啪'，意思是'不怕，不怕'。"

这种幽默风趣的语言，不仅树立起新战士敢于一战的信心，还化解了大战来临前的紧张气氛。

克雷夫特公司总裁毕尔斯认为："幽默感是衡量一个领导者是否具有活泼、弹性心智的重要标志。有幽默感的人通常不会把自己看得太重要，而且比较能做出好的决策。"

领导者在工作中打破严肃，运用玩笑和幽默并不只是好玩的把戏，愉快的心情和提高生产效率应该是相辅相成的。如今竞争日益激烈，企业员工面临超乎寻常的压力。而运用轻松的气氛来进行管理，往往可以取得很好的效果。根据美国针对 1160 名领导者的调查显示：77% 的人在员工会议上以讲笑话来打破僵局；52%的人认为幽默有助于其开展业务；50% 的人认为企业应该考虑聘请一名"幽默顾问"来帮助员工放松；39% 的人提倡在员工中"开怀大笑"。

世界最大的零售企业沃尔玛的创始人山姆·沃尔顿曾向他的

员工们提出一个挑战——倘若员工们能在财政年度内实现创纪录的利润，那么他将在华尔街上跳草裙舞。

结果，员工们实现了不可思议的收益，山姆先生真的穿着草裙当众在美国金融中心跳舞。

幽默给人以从容不迫的气度，是领导成熟、睿智、豁达的象征。法国总统希拉克到北京大学的演讲，在回答一位学生的提问时，麦克风出现了一点故障。这位 74 岁的老者像孩子般做了一个顽皮的鬼脸，耸耸肩说："这可不关我的事，我没碰它。"引来全场听众的笑声和掌声。

英国首相威尔逊在一次群众大会上演讲时，反对者在下面鼓噪，其中一人高声大骂："狗屎、垃圾！"

面对听众可能产生的误解和骚动，威尔逊首相沉稳地报以宽厚的微笑，非常严肃地举起双手表示赞同，说："这位先生说得好，我们一会儿会讨论你特别感兴趣的环境脏乱治理问题。"捣乱分子顿时哑口无言，听众则报以热烈的掌声。

幽默轻松的气氛，甚至可以化解在企业裁员过程中出现的各种负面情绪。例如，美国欧文斯纤维公司计划解雇 40% 的员工时公司专门聘请了"幽默顾问"，利用两个月的时间在公司内开展了各种幽默活动。结果，在裁员过程中没有出现公司所担心的聚众闹事、阴谋破坏、威胁恫吓等可怕后果。

作为领导者，当你运用幽默力量去管理下属时，你会发现不仅更容易将责任托付给人，而且能更自由地发挥创意的进取精神。幽默力量能改善你的将来——因为你的下属或同事会认同你，感谢你坦诚相待的品格，以及分享笑声、轻松面对自己的能力。

既是管理者，也是领导者

1942年6月28日，伏尔加格勒保卫战拉开了残酷、血腥的序幕。这场争夺苏联南部城市伏尔加格勒而进行的战役，苏德方面投入了大量的兵力。耗时七个多月，双方伤亡合计约200万人。这场被誉为“二战”东部战线转折点的大战，最终以苏联获胜告终。

2001年，为了纪念这一伟大的胜利，好莱坞花巨资拍摄了电影《兵临城下》。在电影中，有如下片段——

在血腥的伏尔加格勒保卫战中，德军一度势头凶猛，而苏军却节节败退。苏军元帅在震怒之下，召开高级军官会议，商讨如何挽回颓局。

元帅问他手下的军官要怎么才能坚守阵地，一个军官站起来提出了他的建议，“必须增加督战队，对所有背叛、逃跑的军官与士兵杀无赦，以此加强纪律”。这个军官试图利用铁一样的军法来保证战斗力，但他的建议被元帅否决。

正在大家一筹莫展之际，一个年轻军官说道：“给他们（士兵）希望，给他们勇气，激励起他们对祖国的热爱，让他们相信最终会胜利，我们树立一位英雄来激励他们。这样，他们就会奋勇杀敌！”这位年轻军官的建议得到了元帅认可。

果然，在希望、爱国与榜样瓦西里（优秀狙击手）的激励之下，苏军的战斗力倍增，最终取得了这场极为关键的战役的胜利。

从管理学角度来讲，第一种建议是要加强管理，着重于计划与控制；而第二种建议是要加强领导，着重于建设愿景与激励。这正是领导与管理的一个重要差别。

当今的管理结构已不再像金字塔，阶级高低分明；而趋向于像太阳系，每一颗星都重要，星与星之间引力均衡，自行运转不息。而团队领导者也由过去的计划控制转向领导统御，他们必须扮演越来越多的角色——

外交家：平衡外界环境，协调与其他组织的关系，争取获得最大的支持与最佳的资源。

观察家：了解环境变化和趋势，洞察企业文化、结构、运作、成员的细微变化，形成理念，加以引导。

政委：宣传企业文化、理念和目标，解释企业存在的目的，做什么和为什么要做。

调解人：协调企业内部的不同意见，化解内部冲突。

培训师：训练企业成员遵守规则，并不断提高其能力、素质，以适应企业发展需求。

以上五个角色的成功扮演，按照企业管理大师彼德·杜拉克的话说，就是“既需要有‘才智’，又需要有‘直觉’；既需要有‘理性’，又需要有‘感情’；既要善于在办公室中分析研究问题，得出‘科学’结论，又要善于凭‘经验’解决问题”。

由此可见，要想做个卓越的团队领导，并非坐在大班椅上喝喝茶、签签字那么简单，而是需要长期的、大量的学习、借鉴、实践与反思，在一个又一个的压力与挑战之下百炼成钢。

1. 管理重秩序，领导重人性

领导的眼里，是业绩、回款率、制度，领导者的眼睛会看到人心深处。领导者深知，人们需要被尊重、被肯定和善意的对待。

趁其他员工外出跑单，张三和李四在办公室里偷偷抽烟。经理甲正好回来，抓了一个正着。经理甲勃然大怒，当场严厉训斥这两名员工，并按规定每人罚款50元。

经理乙的处理方法大不相同。他走到见到他后惶恐而又慌乱的两名员工面前，说：“能给我一支吗？”然后一行三人走到办公室外的楼梯间抽起了烟。抽完后，经理乙只说了一句：“下次要抽烟，请到楼梯间。”

上述案例中的甲、乙两经理，分别代表的是领导与领导者在处事中的差异。

一般而言，领导重秩序与规章，架起高压线，谁碰就电谁，用强制的机械的力量去告诉下属该怎么做、不该怎么做。而领导者更看重人性，他们喜欢用一种由内而外的方法去引导、改变或激励员工怎么做。

这两种方法各有利弊：

领导对于决策过程的关注，能给企业带来利益，也必将带来成本。领导所使用的种种管理技巧将导致组织中臃肿的官僚机构、政治阴谋、有失公正、行动困难以及热衷于人际关系等现象存在。

领导者爱憎分明，极富情感特征。在一个由领导者主导的组织中，人际关系往往是狂热与无序的。如此的气氛刺激个体，使其变得不安分，并常常会产生意想不到的结果。

如果说管理重在生成必要的秩序、连贯性和预见性，那么领导则重在生成变革和适应性——适应新竞争对手、新产品、新市场、新规则和新客户。这两组技能是必要的，两者必须平衡。

怎样分辨你的领导和管理是否均衡？

最好的办法是查看你过去90天内的日常工作安排：用在沟通、指导、反馈以及其他有领导活动上的时间，与用在计划、预算、配置人员、资源分配和解决问题式的管理活动上的时间，基本上应该五五分。如果是四六分（或六四分），问题还不大，稍微注意点就行。如果是二八分或一九分，那就要立马调整了。

2. 一流领导者的过人之处

用一个形象的比喻，团队就是一条船，团队的每一个成员都是船员。作为船长，你要通过管理的手段来确保动力的正常运转，要靠领导的艺术来保证方向的正确。

在以下方面，一流的领导者常常表现出过人之处：

（1）决策

决策有三种类型：日常型、危机型、复杂型。对不同类型的决策员工参与的程度应有所不同。

（2）授权

领导者的职责是成为员工的领头羊。只要有基本规章制度，就不必时刻操心员工该做些什么。正如林肯总统所说的，“你不可能永远代替别人做他会做也应他自己做的事”。

（3）激励

领导者是否给予足够的支持，直接影响员工动力的大小。你所要做的是为员工创造完成任务必需的条件。有时你需要提供一点帮助，但在其他时候，只需表示一些关心。

（4）影响力

没有人喜欢当木偶。这不是说他们不服从命令，但如果总是被上司呼来唤去，他们不见得会尽心尽力。一流的领导是出色的感化专家，擅长赢得人心，能够不通过摆上司架子而影响他人的行为。

（5）解决矛盾

该怎样对待矛盾？有些领导干脆避而远之，希望自己一转身’矛盾就会烟消云散。虽然有时也奏效，但却有可能被视为软弱无能。如果周围人际关系比较紧张，这招很可能于事无补。解决矛盾的最佳方式，是创造相互协作、旨在解决问题的文化。让人们一块儿解决问题，而不要没完没了地相互竞争，做到对事不对人。

第二章
选拔员工——治安之本，唯在得人

一个公司要发展迅速得力于聘用好的人才，尤其是需要聪明的人才。

——比尔·盖茨

如果有一个项目，首先要考虑有没有人来做。如果没有人做，就要放弃，这是一个必要条件。

——柳传志

合适的人请上车，不合适的人请下车。

——詹姆斯·柯林斯

可以任人唯“闲”，也可任人唯庸

对于“任人唯贤”和“任人唯亲”的说法，大家都能很容易地接受，因为前者符合道理，后者符合情理。但是如果提起“任人唯闲”和“任人唯庸”的说法，大多数人都不能理解，而且很少有人听说过，如果谁这样做了，那他要么是个冤大头，要么就是脑子出了问题！——不要激动，这的确也是企业实际用人中存在的一种很正常和普遍的现象。

这些在我们所谓“正常”的眼光下，那些所谓“闲人”和“庸人”，实际上在企业中也有着其存在的多种特殊道理。

1. 并不是所有的岗位或职位都要看上去越忙越好

人们通常会认为那些手脚忙、嘴巴忙的人才是“忙人”，认为那些学历高、经历多、能说会道、能跑会表现的人就是“能人”，其实未必。有些工作需要用脑胜过用手脚、用嘴巴，有些工作需要用心胜过用语言、用行为，特别是一些高层管理、宏观管理的岗位，或者一些从事研究、开发、设计类工作的人员。

2. “会忙”比“能忙”更可贵

“闲”也罢，“忙”也罢，毕竟都是现象而非实质，是过程而非结果。实际工作看重的是最终效果，或者说是工作绩效。

企业中常见这样一类人：整天忙忙碌碌、风风火火的，工作中的问题和困难层出不穷，就是拿不出结果，这种“只有苦劳没有功劳”的“忙法”确实不值得在企业中提倡。

相反，有时候“闲”也是十分必要的。在许多紧急情况和危难时刻，当大家都手忙脚乱或心慌意乱的时候，如果有人能够保持“气定‘身’闲”的姿态对于稳定局面、冷静思考、沉着应对是很重要的。这个时候，能“闲”就要比任何“忙”法都更有效了。

有些人确实在能力上很平庸，但是他们身上的某些特性（如特殊的长相）或与其相关的某些资源（如重要的社会关系）却偏偏对企业经营有特别的价值。总之，由于这些平庸之辈本身具有先天性的“资源优势”，能为企业带来其他稀缺资源或特殊机会等，直接或间接地创造了经济价值。这种情况下，“任人唯庸”在企业中也就很正常了。

所以，无论是“任人唯闲”还是“任人唯庸”，作为不拘一格的用人方式，都要看清两点：一是要看其背后的隐性和潜在价值；二是要视用人时的具体环境和情况而定。毕竟企业不是为了用人而用人，其追求的还是工作目的和最终效果。

选对苗子，从源头控制员工质量

是非多的地方段子多、冷笑话多，如政坛、职场、娱乐场，都是段子、冷笑话的“重灾区”。有一则广为流传的职场笑话——

张三逛宠物市场，见到三只外表无异的鹦鹉，价钱却相差不少，分别为200元、500元、1000元。

张三好奇地问店主：“为什么同样的鹦鹉价钱相差如此之大？”

店主回答：“200元的鹦鹉会唱歌，500元的鹦鹉会跳舞。”

张三“噢”了一声：“明白了，明白了，那只1000元的鹦鹉一定是能歌善舞的主了。”

店主笑了一下："错，它什么也不会。"

"什么？什么也不会要卖那么贵？"

"嗯，因为那两只鹦鹉都管它叫领导。"

这则笑话看上去似乎是在调侃与讽刺身负管理重任的领导们。其实细想则不然，马克·麦考马克在《哈佛商学院学不到的经营之道》中说："要雇用比你更机智的人。"

美国已故钢铁大王卡内基为什么那么强？不是因为他多么能干，而是他手下有很多能干的人。这一点，从卡内基的墓志铭就可以看出来："这里长眠着一位先知，他勇于用比自己强的人才！"

马云曾经这么说："领导永远不要跟下属比技能，下属肯定比你强；如果不比你强，说明你请错人了。"

如果每个团队都雇用比团队领导更强的人，团队就能成为超级团队，企业就能成为巨人企业；反之，如果你所用的人都比你差，那么他们就只能做出比你更差的事情。

美国奥格尔维·马瑟公司总裁奥格尔维将此命名为奥格尔维法则（Ogilvy's Law），也称奥格尔维定律或奥格尔维法则。

美国奥格尔维·马瑟公司总裁奥格尔维召开了一次董事会。

在会议桌上，每个与会的董事面前都摆了一个相同的娃娃。董事们面面相觑，不知何故。

奥格尔维说："大家打开看看吧，那就是你们自己！"他们把娃娃打开，发现大娃娃里有个中娃娃，中娃娃里有个小娃娃。

他们继续打开，里面的娃娃一个比一个小……

最后，当他们打开最里面的玩具娃娃时，看到了一张奥格尔维题了字的小纸条。纸条上写的是：

“如果你经常雇用比你弱小的人，将来我们就会变成矮人国，变成一家侏儒公司。相反，如果你每次都雇用比你高大的人，日后我们必定成为一家巨人公司。”

这些聪明的董事一看就明白了。这件事给每位董事留下了很深的印象，在以后的岁月里，他们都尽力任用有专长的人才。

奥格尔维法则强调的是人才的重要性。一个好的公司固然是因为它有好的产品，有好的硬件设施，有雄厚的财力作为支撑，但最重要的还是要有优秀的人才。作为团队领导，要善用比我们自己优秀的人。

用人的目的，在于办事，而不是投自己之所好。一位女明星，会使票房价值大幅提高，但会有脾气。这种脾气，往往使领导难看，甚至使之下不了台，但与你的票房价值相比，应是极便宜的代价。这就是说，用人的标准不是看能否与我合得来，而是看他能干些什么。

美国最大的轮胎公司之一的燧石轮胎橡胶公司，在创业之初仅有几个工人和一间旧厂房。它之所以能发迹，靠的就是该公司创始人菲利斯顿敢于选用酗酒成性的发明家洛特纳。

菲利斯顿第一次看到洛特纳时，是在酒吧间。当时洛特纳衣冠不整，满脸尘垢，他把裤子当围巾披在肩上，走路东倒西歪，滑稽不堪。人们常常取笑他，不叫他的名字，而称他为“醉罗汉”。

当菲利斯顿得知洛特纳是个发明家时，并没有因为洛特纳有酗酒恶习歧视他，而是三番五次去走访他，碰了钉子也不灰心，这使洛特纳深为感动。他下决心帮菲利斯顿打天下，研制成了一种不易脱落而且储气量大的轮胎。这种轮胎后来被福特汽车公司采用，使菲利斯顿的事业有了很大的转机。

有瑕疵的玉仍是一块玉，但再完美的石头终归是一块石头。假若所用的人没有缺点，其结果只能是平庸之辈。这种人只不过是谨小慎微、小心奉上之人，其胸中并无雄才大略，更谈不上为大略而献身。现实告诉我们，才能越高的人，其缺点也就越突出。有高山，必有深谷。

制定合理的人才选拔机制

古时候有专门相马的伯乐。遗憾的是：“千里马常有，而伯乐不常有。故虽有名马，只辱于奴隶人之手，骈死于槽枥之间，不以千里称也。”

晚清重臣曾国藩著有《冰鉴》一书，他在相人上颇有一套，所提携之人鲜有走眼。即便如此，曾国藩也有看走眼的时候。

曾国藩率湘军征战时，非常注重网罗人才。一天，一人来谒见。其人衣冠古朴，谈吐不凡，令曾国藩大有相见恨晚之感。谈及当朝人物时，其人妙语连珠，说："胡林翼办事精明，人不能欺；左宗棠执法如山，人不敢欺；大人您虚怀若谷，爱才如命，而又待人以诚，感人以德，非二人可比，令人不忍欺。"曾国藩闻所未闻，大为感动，引为知己，留在军中视同上宾，以为可堪重用。不久，授以巨款，托其采购军火。其人得到巨款后，黄鹤一去不复返。待到曾国藩明白时，愧悔交加，连连顿足说："令人不忍欺，令人不忍欺！"

这真是一则黑色幽默。

伯乐再尽心尽力，水平再超群，除相中的人有限外，走眼也是难免的。企业管理与其当伯乐相马，不如建立一个公开、公平、公正的赛马机制，让一匹匹马自己亮相。

海尔的张瑞敏曾说："给你比赛的场地，帮你明确比赛的目标，比赛的规则公开化，谁能跑在前面，就看你自己的了。"

对人才的选拔使用，张瑞敏历来提倡"赛马"而非"相马"。张瑞敏说，我是老三届学生，参加工作是从"被领导"开始的，深知单凭领导印象、感觉的好恶来提拔干部，往往弄错，而且容易挫伤大多数人的积极性。那时候我就看不惯一些单位的领导任人唯亲、拉帮结派，到自己当了企业领导，我就一定要创造一个完全公平竞争的空间，给海尔每一个愿意干事的人才发挥才干的舞台。这就是海尔跟其他企业不同的地方。

相马这种机制，对于千里马来说，命运掌握在别人手里，十分被动，弄不好就会碌碌无为一生。而赛马不同，将命运的缰绳紧紧握在自己手里。

建立赛马机制，需要从以下几点着手：

（1）建立牵引机制

通过正确的导向，建立员工自动自发、积极主动的企业文化环境和氛围，从而将外部的正面影响转化为员工的内驱力，这在企业是一种拉力。

（2）建立激励机制

通过良好的整体薪酬体系设计，建立高绩效、高回报的绩效管理机制，通过利益推动激励员工高效地工作，这在企业是一种推动力。

（3）建立竞岗机制

经营管理岗位，实行岗岗摆擂台、人人可参赛、上岗靠竞争、保岗靠业绩。

在运用赛马机制的企业，领导的任务不是去发现人才，而是建立一个可以出人才的机制。给每个人相同的竞争机会，像运动场上的竞技一样，公开、公平、公正地选出优胜者。

要选人才，不要选奴才

“一个人自行其是，锋芒毕露，销售额高达120万元；另一个人温文尔雅，人见人爱，但销售额仅为前者的一半。作为经理，你更喜欢要谁？为什么？”

优秀管理者回答，他们更喜欢自行其是、锋芒毕露的人，而不是产值减半的合作模范。他们的逻辑是，自行其是、锋芒毕露的人可能更有才干，但不易管理；而合作模范缺乏所需才干，却易于管理。

优秀管理者寻找的不是听话的人。他们寻找的是具有做出世界一流业绩的才干的人。因此，他们更愿意接受的挑战是招聘一名有才干的员工，然后帮助他/她专心发挥自身才干来取得佳绩，而不是设法为一个业绩平庸的人增添才干。

有一天，一位中年人闯进美国IBM公司总裁小沃森的办公室，大声嚷嚷道："我还有什么盼头！销售总经理的差事丢了，现在干着因人设事的闲差，有什么意思？"

这个人叫伯肯斯托克，是IBM公司"未来需求部"的负责人，他是刚刚去世不久的IBM公司第二把手柯克的好友，由于柯克与小沃森是对头，所以伯肯斯托克认为，柯克一死，小沃森一定会收拾他，于是决定破罐破摔，打算辞职。

沃森父子以脾气暴躁而闻名，但面对故意找碴的伯肯斯托克，小沃森并没有发火，他了解他的心理。小沃森觉得，伯肯斯托克是个难得的人才，甚至比刚去世的柯克还精明。

虽说此人是已故对手的下属，性格又桀骜不驯，但为了公司的前途，小沃森决定尽力挽留他。小沃森对伯肯斯托克说："如果你真行，那么，不仅在柯克手下，在我、我父亲手下都能成功。如果你认为我不公平，那你就走，否则，你应该留下，因为这里有许多的机遇。"

后来，事实证明留下伯肯斯托克是极其正确的，因为在促使IBM做计算机生意方面，伯肯斯托克的贡献最大。当小沃森极力劝说老沃森及IBM其他高级负责人尽快投入计算机行业时，公司总部响应者很少，而伯肯斯托克却全力支持他，正是由于他们俩的携手努力，才使IBM免于灭顶之灾，并走向更辉煌的成功之路。

后来，小沃森在他的回忆录中说了这样一句话："在柯克死后挽留伯肯斯托克，是我有史以来所采取的最出色的行动之一。"

人才的利用应着眼于机会，发挥人的长处。小沃森不仅挽留了伯肯斯托克，而且提拔了一批他并不喜欢、却有真才实学的人。

小沃森在回忆录中写道："我总是毫不犹豫地提拔我不喜欢的人。那种讨人喜欢的助手，喜欢与你一道外出钓鱼的好友，则是管理中的陷阱。相反，我总是寻找精明能干、爱挑毛病、语言尖刻、几乎令人生厌的人，他们能对你推心置腹。如果你能把这些人安排在你周围工作，耐心听取他们的意见，那么，你能取得的成就将是无限的。"

敢于选拔比自己强的人

"敢不敢选拔比自己强的人？"这恐怕是领导者在用人中对自己最大的考验，同样也是领导者最容易犯的错误。

"他都比我强了，那在其他员工眼里，他是领导还是我是领导？"某企业领导者直言不讳，一针见血，这种武大郎开店——不允许伙计胜过自己的心态一目了然：

别人比他强就意味着自己不称职，不称职的领导者会在员工心中丧失威信，丧失了威信当然就做不了领导者。

员工中有人比自己强，那么肯定会对领导者的位置虎视眈眈，早晚想取而代之，又何苦养虎伤身呢？

有本事的人多少都有点野心，迟早要另立门户，我干吗给他营造个人发展的机会，到时多个强敌呢？

公司里，天老大，我就老二。

在这种心态支配下，领导者往往是希望别人拿放大镜来看他，而他自己却用显微镜来看别人。当比领导者强的员工工作取得各部门的赞许和支持时，领导者会觉得他们是在树立自己的威信而且是在动摇领导者的最高权力。于是乎，领导者会有意无意地疏远他们、压制他们，从而严重地挫伤这些员工的积极性。

这种心态说到底是一种弱者的心态，外表的强硬正透露出其内心的虚弱，反映出自信心的极大缺乏。真正的强者愿意接纳桀骜不驯的下属，因为他有信心，能控制局面，因为这样的领导者关心的并不是别人对自己是否顺从，他有能力赢得别人真正的尊敬，更因为他看重的是人的才能，也更关注企业发展的大计。

我们曾看到这样的现象：

一个领导者雇用了一批庸才，然后老是奇怪为什么这些人一点干劲都没有，更谈不上有所创新。一个小企业的领导者录用人员的标准是：能干但不能精明，以免抢走公司的客户另立门户。后来他发现越来越不对劲：怎么雇了这么些庸才？

领导者不雇用一流的人才并促使他们做出一流的成就，那么你就将你的公司降至二流、三流，甚至不入流的行列。

美国钢铁大王卡耐基的墓志铭一直被商界人士传为佳话，因为上面这样写道：

"这里长眠着一位先知，他勇于用比自己强的人才！"

凡欲成大事的企业家，都能够把比自己能力强的人才招揽到自己旗下，并且诚心相待。小企业领导者切莫把自己的企业办成"武大郎"开的烧饼店。

对于小企业的领导者来说，使用能力比自己强的人才，即必须用又难用。说难用，恐怕是领导见手下员工比自己能干，心理上不平衡，生怕这些人有朝一日取代自己。另外，这些人在性格上一般有一股傲气和犟劲，使用起来不太顺手。如何处理这一矛盾呢？

1. 心存"忧心"，转变观念

企业尤其是小企业，创办不容易，守住基业，发展壮大更不容易。因此，企业生存发展的危机感最主要的是对企业内人才的危机感。如果企业始终像个"武大郎"烧饼店，这个企业时间不长就会被同行挤垮。

人才与智力资源是企业内最宝贵的物质财富，是企业实现差别化竞争战略的前提条件。因而企业领导者只有把重视人才提高到企业发展的战略高度，他才会真心诚意去选用比他们自己强的技术与管理人才。

2. 诚心待之

"教人者，人恒教之。"对于比自己能力强的人才，越压制他，他就越不服管；越尊重他，就越能使他对你信服。尊重表现在以下几个方面：

第一，在语言的沟通交流上，以礼相待。注意在称谓上要使对方有亲切感和被尊重感，叫 × 工或老 × 比直呼其名更好。

第二，对于他们的工作（是他们发挥长处的方面），大胆放手，出了成绩归功于他们，出了问题自己主动为之承担责任。

第三，对于他们所长而正好为己所短的知识，不耻下问，主动请教，甘当小学生。

第四，背后多讲他们的好话，对其能力进行夸奖和赞赏，并表现出这也是企业的光荣和骄傲的自豪感。

3. 适时适地地指出其不足，并协助他改正或补救

所谓适时，就是在他急躁时使他冷静下来，在他悲观及情绪低落时为他鼓劲打气。所谓适地，就是根据对象的个性心理特征，对承受力强且自我约束力低的人当众指出其不足；对于承受力弱或自尊心强的人用“蜻蜓点水”的方式予以暗示或私下单独交换认识，分析其不足的原因。在指出不足的同时，要用实际行动来帮助他改正或补救其不足，使他认识到领导者的做法不是在整他，而是在帮助他完善自己。

4. 推荐并提出忠告

当这些能人希望干别的工作或提出离开企业时，首先要开“绿灯”，并向他们提出忠告，看从事的工作是否适合他们，根据他本人的情况及即将面临的环境，提出应当注意的问题。同时表明，到新职位后若感到不适，欢迎他回来。另外，应积极推荐他们去干更能发挥其长处、更能做出贡献的事。因为这样做不但能使被推荐者对领导者产生敬意，而且还能使其他未被推荐者也对领导者产生敬意，结果必然使他们通过多干工作、干好工作作为回报。

走出人才标准的误区

既然要选好人才，用好人才，就涉及人才标准问题。应该说，人才标准因不同行业、不同单位的性质、需求而定，很难有一个统一、普遍适用的标准。但有一点则是共同的，那就是确实拥有真才实学，引进之后能够用得上、能切实发挥其作用。

然而，在实际工作中，一些地方在选人用人上并不是都在“真才实学”方面下功夫，而是似是而非、额外地附加了一些标准，使大量人才难以脱颖而出。对此，有必要认真加以分析一番。

在这方面，都有哪些误区呢?

1.“唯文凭论”

一些企业不管自己用人的实际情况，一概打出“硕士”“博士”的标准，其他人则免谈。如此标准固然反映了看中文化水平的趋势，但也明显有“唯文凭论”的弊端。文凭是一个人经过某种学习训练的凭证，也是一个人具有某方面才能的证明。

随着现代化建设的推进，选用具备较高学历的人才是形势发展的需要。但如果不顾本单位用人实际情况，唯“硕士、博士”是举，这是不足取的。人才是多方面的。有些高级技工技术熟练，在工作上大有用场，但并没有什么学位，这种人才该用则用，而且要大用。也就是说，我们不能以文凭画线，而应从实际出发，不拘一格选用人才。

2.“35 岁以下为限论”

一些企业提出，招聘人员必须在 35 岁以下，超过此限者免谈，这也是一个误区。从长远打算，我们要着眼于年轻人，以逐步实现人才年龄结构上的年轻化。

但问题是，一律限在“35岁以下”，则未免失之偏颇。倘若遇有真才实学、怀有一技之长者，仅就因为其36岁、37岁便将其拒之门外，那岂不可惜？

上海有些部门曾有此标准，但已经取消了，这是有识之举，受到了群众的欢迎。其他地方也应尽快改之，没有必要在年龄上限制得过死。当然，有些行业因工种特殊提出此要求，无可非议，也是允许的。但问题是，一些单位无此特殊情况也一概提这样的标准，则是不应该的。

3. “不要女性论”

一些单位在招人时标明“不要女性”。对此，人们特别是女同志很有意见。

由于工作性质不同，在有些岗位上女同志不适宜，尚可理解。但一般工作单位也盲目提出此要求，则是不应该的。

从大处说，时代不同了，男同志能办到的，女同志也能办到，而且有些女同志还做得不错。从小处言，一般工作单位的不少岗位，女同志照样可以上岗工作，而且胜任。

此外，还有一些误区需要摒弃，如：一些普通行业的单位也要求身高必须1.6米以上，还有的单位把人的容貌如何也作为选人标准，等等。诸如此类严重妨碍着人才的脱颖而出，造成人才的极大浪费。

当前我国人才市场的情况，可以说是供大于求，但一个不容忽略的事实是，不少大学毕业生找不到工作。造成此种情况，固然有大学生本身的择业观念问题，但上述一些用人单位存在着误区，也是其中一个重要原因。

有鉴于此，我们当在思想上辨析清楚，里清思路，树立“不拘一格选人才”的观念，既要看文凭，更要看能力；既要看学业，更要看素质。把那些不合时宜的、似是而非的条条框框全然抛弃，让人尽其才，促进我国现代化建设事业更快更好地向前发展。

第三章
培养员工——培养他对前途的希望

造人先于造物。

——松下幸之助

创造性模仿不是人云亦云，而是超越和再创造。

——西奥多·莱维特

人才是利润最高的商品，能够经营好人才的企业才是最终的大赢家。

——柳传志

“入模子”，让新员工快速上手

作为职场老鸟，我们见惯了（也做惯了）太多的模板化的工作：报价单、报告、合同……甚至以创意为亮点的策划案，一般也是有几套固定格式的模板，只是文字与图片需要根据项目做调整而已。

以上是狭义的模板。广义上的模板，则是可供广泛效仿使用的较为有效、有明确规定格式的方法、做法等。如，开发新客户的流程，服务老客户的规矩，不同的情景对应不同的解决方案。这个流程、规矩与方案汇集了前人的经验、教训，再经过实践和时间的检验，直至成为有效解决问题的钥匙。

1. 职场模板三要素

广义上的职场模板，有三个要素：

（1）经过提炼总结

凡是能成为模式、模具的，必然对原有的情景、问题，原始形状做了调研分析，通过归纳总结，提炼其外在形状、内在特征综合而成。

（2）形成固定格式

模板必须具有固定的参数、格式、尺寸，让后续使用者能够清晰地了解到，效仿应用此模板的各个环节，像操作手册一样具备可实施力。

（3）批量解决问题

模板的出现，是为了解决同一类问题，能够实现批量处理、量产。模板对于问题应该是有效的，如果按照模板生产出的是残次伪劣品则此模板也是错误的。

职场模板让事情变得简单，还能让工作标准化、流程化。如果新人入职前没有工作或者相关行业工作经验，模板可以让他尽快进入角色；如果他入职前在同行业其他企业工作过，那可以让他迅速适应新的环境。

21世纪初，正当华为发展得顺风顺水时，任正非在企业内刊上发表了《华为的冬天》。在这篇被企业领导反复传阅、赞叹与研究的文章中，有这么一个小节——

模板化是所有员工快速管理进步的法宝

一个新员工，看懂模板，会按模板来做，就已经国际化、职业化，现在的文化程度，三个月就掌握了。而这个模板是前人摸索几十年才摸索出来的，你不必再去摸索。各流程管理部门、合理化管理部门，要善于引导各类已经优化的、已经证实行之有效的工作模板化。清晰流程，重复运行的流程，工作一定要模板化。一项工作达到同样绩效，少用工，又少用时间，这才说明管理进步了。

我们认为，抓住主要的模板建设，又使相关的模板的流程联结起来，才会使IT成为现实。在这个问题上，我们要加强建设。

早在1997年，任正非就引进IBM的顾问，以IBM为模板对华为的管控机制进行了改造，通过两年的努力，获得了理想的效果。

无独有偶，同为中国IT巨头的联想，也推崇“入模子”。“入模子”是联想行之有效的人才培养方法，他们已经使用了20多年。柳传志认为，联想要形成一个坚硬的“模子”，进入联想的职工必须进到联想的“模子”里面来，凝成联想的理想、目标、精神、情操行为所要求的形状，造就一个真正的“斯巴达克方阵”。而不认同联想企业文化的人，是不能成为联想人的。

2. 模子怎么做

想象一下：一个方阵的新兵整整齐齐地站在你面前，除了身高与长相有所不同外，喊着一样的口号，做着一样的战术动作，如同一个模子里刻出来的——作为指挥官的你，是不是很欣喜？

军队正是这样子做的，所有的新兵都要经过三个月的训练，尽量让他们变成一个模子里出来的。

军队有军队的模子，这个模子是集经验与实战而形成的。而多数企业并不具备类似的模子。怎么办？

——自己做。只有先把模子做好，才能让员工“入模子”。

一个企业的模子，包括以下三大板块：

（1）公司基本情况及相关制度

这个板块的培训，可以让新员工迅速了解公司与市场，激发其责任感、荣誉感和自豪感。

公司的性质、经营范畴、注册资本、现有资本及利税。

公司名称、logo含义、公司使命、目标、经营理念、价值观。

组织结构与部门职责。

产品及市场。

人事政策与制度。

其他有关公司知识：如公司的发展历史、公司优秀传统、创始人的故事。

（2）职场基本礼仪与工作基础知识

这个板块的培训，对于企业特有氛围的养成与维护有着特别的意义。新员工了解并运用以后，也能够较快地融入企业的氛围之中。

- 问候与措辞。
- 着装与化妆。
- 电话礼仪。
- 指示、命令的接受方式。
- 报告、联络与协商的方法。
- 与上司或同事的交往方式。让员工知道与上司、下属及同级同事保持关系的重要性，以及团队精神的重要性。
- 个人与企业的关系。

（3）岗位知识与工作技能

这个板块的培训，是确保新员工达到“上岗”的基本要求。一般来说是由新员工所处的部门实施，必要时部分内容可以外派培训。

新员工的岗位在整个公司及部门中的位置，工作岗位的职责与权利。

岗位基本工作的工作流程。

此岗位日常工作需要与哪些部门联络，要通过何种表单或其他工具联络。

机器设备、工具的使用方法与保养办法及相关制度。

与岗位、工艺相关的指标及控制方法。

作为中小企业，一下子要做成一个完善的模子肯定有困难。但是这不是不去做的理由。模子不会从天而降，可以按照上面所罗列的三个板块中的细节，一步一步地做。能做到多大程度就做到多大程度，尽量制度化、表格化、模板化、规范化，从而达到职业化。

3. 新员工如何“入模子”

一个人进入新的行业、新的企业，前几个月的基本训练是非常关键的，这是职业基本习惯的养成期，不但会奠定其未来在企业工作的职业基础，甚至会影响他一生的职业发展。

对于新员工来说，培训要“僵化”：让员工无条件执行，理解要照着做，不理解也要照着做。好比练自由搏击，虽说“自由”，但基本的拳法、步伐、锁法先要按照规则僵化苦练。

僵化是新员工的基本功，基本功打得越扎实，那他未来的发展潜力就越大。柳传志说：“我们对联想的新员工有个‘入模子’的基本要求，就是要求按照联想所要求的行为规范做事，联想的行为规范主要指执行以岗位责任制为核心的一系列规章制度，包括财务制度、库房制度、部门接口制度、人事制度等。执行制度是对一个联想人的最基本的要求。”

僵化并非一成不变。如果新来的人有更创新的思想，模子可以改动。“但是不管你带什么先进思想来也得先遵守完固有的模子以后才能改，不然这个公司就没法办了。”柳传志这样阐述他的“模子观”。也就是说：先僵化，再优化。优化后经过实践，觉得效果不错，那么，再固化，用在新员工的僵化上。

今天是一个团队协作的时代，而团队协作效率的高低，与“模子”有密切关系。只有当大家都用共同的语言模式、共同的行为准则、共同的沟通习惯、共同的工作标准的时候，团队才能减少摩擦内耗，大幅度提高合作效率。这也是为什么许多优秀企业高度重视基本训练的原因。

企业加强了“入模子”训练还有一个特别大的好处：越优秀的员工越难以适应别的企业。当他们跳槽到其他企业的时候，他们会发现很难再改变自己的很多习惯，难以适应别的企业。

以技能竞赛为抓手，提升员工职业素养

读书时，经常有各种竞赛。为了参加竞赛，大家你追我赶。等有了竞赛资格，学生更是为赢得好成绩而自动自发加强相关指导的学习。

其实，举办竞赛的目的，不是要评出一、二、三等奖。其真实的目的是：提升学生的学习兴趣，挖掘学生的内在潜力。

在你的团队内、企业里，也可以用竞赛的方法来挖掘员工潜力。很多企业经常举行各种技能大赛，也正是基于此目的。

东风商用车车架厂产品质量连续三年得到提升，后工程不良率从2010年的26%下降到2012年的6%，在2012年的基础上，2013年又再降到1.88%的好成绩。厂党委副书记、工会主席郭如强将这一切归功于你追我赶的劳动竞赛。

郭如强说：“劳动竞赛是一种很好的激励方式，相比其他硬性

管理方式，它更能提升员工自觉改善的意识，激发员工的工作热情和创新激情，从而实现质量提升、效率提升、员工技能提升。”

国家电网辽宁省电力公司于2013年1月开展员工岗位技能竞赛，一年后员工个人能力素质得到了显著提升。23名员工入选总公司“十大”专业领军人才培养名单；在2014年举行的总公司系统首次应急技能竞赛中取得团体二等奖，人力资源专业调考人才与培训管理取得个人第一名，基建质量管理知识竞赛取得个人电气专业二等奖、线路专业三等奖等优异成绩。

2014年3月26日，中国石油新疆油田公司采油二厂召开了工会业务会暨劳动竞赛推进会。企业针对生产经营的难点和热点问题，开展形式多样的劳动竞赛，既切实解决生产经营所面临的各种问题，又有效提高了劳动者素质。该厂在2013年开展劳动竞赛项目达130项，合理化建议125条，取得节能减排优秀技术创新成果12项。

但必须与时俱进，让这种传统的方法在提高员工素质方面焕发新的活力，结合企业实际，建立起多层次、立体化的劳动竞赛体系。

（1）在竞赛的面上追求广度

竞赛不是目的，而是挖掘全体员工潜力的手段。因此要做到广泛发动，全员参与。掀起全员参与、全员学习、全员练兵，“比、学、赶、超、帮”的氛围与热潮。对技能竞赛活动进行全过程的通报，对先进典型进行宣传，提高大家参与的积极性。

（2）在竞赛的形式上追求多样性

把技能竞赛和岗位练兵有机地融入提升员工素质的各项工作中，并贯穿于工作的各个环节与全过程，本着“干什么、练什么，缺什么、补什么”的原则，灵活多样地开展劳动竞赛活动，根据生产经营进度、安全、质量、成本、效率等指标分别评选创先争优明星。

（3）在生产经营的关键点上赛出特色

要不断创新劳动竞赛形式，将长期竞赛与阶段性竞赛结合起来，点面结合，确保劳动竞赛的新意和活力。争取常赛常新，赛出新水平、赛出新业绩。

带员工走出舒适区，挑起更重担子

潜力，顾名思义就是“潜藏在水面下的能力”。

如一座静默无言的冰山，水面下隐藏着绝大一部分。人的潜力也是如此。英国著名组织理论专家里扬的研究发现：人们的潜在能力总是超过其授权机遇的。

对于企业和员工来说，这都是一种莫大的浪费！

要想激发员工潜力，柳传志在联想经常使用的一招是“小马拉大车”。所谓小马拉大车，就是“重压”，是将一种超过能力的责任（大车）“压”给员工（小马）。

传统用人之法是量才适用、人事相宜，多大的能力（指看得到的）的人就安排什么多难的事情。让小马拉大车，却反其道而行，用超负荷来锻炼员工的能力。

根据联想的经验，“小马”最好找那些具有丰富的知识、充沛的精力和强烈的进取心，但因工作时间较短而缺少经验的年轻人。虽然在经验上稍差一点，但他们受过良好的教育，知识面广泛，接受能力强，更重要的是，他们有着年轻人独有的本钱——做事热情有冲劲，积极向上有信心。

杨元庆就是一个很好的例子。1991 年，27 岁的杨元庆被柳传志任命为联想 CAD 部门的总经理。两年多的时间里，杨元庆将部门销售额从 5000 万元做到 1.1 亿元，又从 1.1 亿元做到 1.8 亿元。

1994 年 3 月，30 岁的杨元庆被任命为电脑事业部总经理。在很短的时间之内，杨元庆重组电脑事业部，电脑的销量大幅度提升。到 2001 年，杨元庆升为联想集团总裁兼 CEO。2011 年 11 月 2 日，联想集团宣布杨元庆将接任柳传志成为联想集团董事长。

在联想，类似于杨元庆这种“小马拉大车”最终让“小马”成为“骏马”的例子很多。这已经成为联想企业文化的重要组成部分。

记得“铁人”王进喜说过一句话：“人无压力轻飘飘，井无压力不出油。压力促使人充实、上进、成长。当然，这种压力也不能过大、过多。持久的超大压力，容易导致当事人焦虑烦躁、抑郁不安等心理障碍乃至心理疾病。

每一个人都有一个“舒适区”，这个舒适区与自己的能力范围一致。在能力范围内，做起任何事来都得心应手（舒适）。

例如，能游 500 米的人在室内游泳馆游泳，他觉得很舒适。但要他去横渡大江，这是他从来没有做过的事，超出了他的能力范围。这个时候，他就有压力，感觉就不舒适了。但他其实是有潜力的，你将他推出舒适区，逼他去突破自己。

等到他走出舒适区，在大江里游过几次后，渐渐地掌握了横渡的技巧，于是，他的舒适区扩大了，因为他的能力范围扩大了。

扶员工上马，再送一程

当员工表现不尽如人意时，作为管理者的你是“踢”他还是“拉”他？

中关村的某公司招聘了一名青年，姓彭，名校毕业，各方面综合素质很不错，有一年的工作经历。可是，因为一毕业就进了一家国企，很清闲，没什么活干，技术也荒废了一年。所以小彭虽有一年工作经历，却等于是白纸一张，没有任何实际的研发经验。

项目经理找到人力资源部部长，要求辞退小彭。详细地问了有关小彭的情况后，部长说：“技术不行，可以在实践中学习提高，关键是综合素质很好，有潜力。”部长劝项目经理再给小彭一点时间，多带一带他。同时，部长找小彭谈话，鼓励他。

和小彭谈话后，部长对项目经理说：“小彭明白自己的不足，也在努力学习。既然这样，你需要给予他鼓励和支持。”

项目经理也抱着试试看的心理，经常点拨、鼓励小彭。一年以后，小彭成了公司的技术骨干。

“其实，工作态度非常重要。”项目经理回忆起那时小彭工作的认真态度，很是欣赏。“你知道他认真负责、任劳任怨到什么地步吗？客户认为他技术方面确实不够，却因为他的敬业态度而不好意思向公司开口要求换人。”

面对技术不给力的员工，有的管理者可能会一脚踢开、换人；有的则会拉他一把，给他成长的空间和时间。前一种做法较之后一种做法，是资源的浪费：招聘成本、培训成本、在招到合适人选前生产损失等。如果你能不断给予鼓励，拉他一把，那么他就会有所提高，胜任工作。

无论你如何把好招聘关，一个团队里，总会有可能有如下四种类型的员工：

第一类：高技能、高态度。
第二类：高技能、低态度。
第三类：低技能、高态度。
第四类：低技能、低态度。

对于第一类员工，管理者不用操什么心。对于第四类员工，管理者不必操什么心，操心也没有意义，辞退（劝退）是皆大欢喜的事。真正要操心的是第二类与第三类员工，他们身上有潜力可挖。

对于第三类员工，上级需要给予他足够的培训锻炼和技术指点，让他在技能方面有所提高，不断改进。对于第二类员工，上级需要用自身的态度去影响他，用自己对工作的热情、积极向上的态度感染他。

培训是最好的福利

几乎每个企业的管理者都希望员工能得到培训，几乎所有的老板都认为培训是当务之急，然而究竟怎么对员工进行培训，采取什么样的培训最适合企业的具体情况，则不是每个管理者都能够说得清楚的。其实培训远远不是把员工集中在培训教室里，像上学一样给他们讲课，然后考试，这种看法太浅薄了。

在现代企业里，培训的重要性可以说是无与伦比的，有句流行的话叫作“培训是最好的福利”，可见一斑。

1. 岗前培训

每一个新员工上岗之前都应该得到岗前培训，这关系到员工进入工作状态的快慢和对自己工作的真正理解以及对自我目标的设定。这种培训一般由人事主管和部门主管进行，除了对工作环境的介绍和同事间的介绍之外，最重要的是对企业文化的介绍，包括企业的经营理念、企业的发展历程和目标等。

通俗地讲，就是告诉新员工我们公司是一个什么样的企业，我们的辉煌历史如何，我们在同行业之间的地位如何，谁是我们最主要的竞争对手，我们想把公司带到什么地方去，等等，告诉员工我们想做什么，这很重要。在很长一段时间内，员工会牢记这些并且通过对其他人（家人和朋友）的再描述强化这些，从而深入意识深处，而且一朝形成，就不会轻易改变。一个员工可能不会记得昨天在办公室里发生了什么，但他绝对不会忘记头一天上班公司主管对他说的话。

2. 培训技巧

培训的目的是想让每一个参与培训的人员得到知识的补充和技能的提高，因此其主动性十分重要。传统的填鸭式培训早已被培训专家所不齿，因为那样的效果甚微而且还会引发逆反心理。最好的培训往往是员工自发地要求进行培训，因此一定要对员工的培训请求十分重视，因为这是最好的培训时机，一旦员工发现自己在工作中存在不足并且亟待弥补的时候，培训往往是他们首先做出的反应，抓住他们的需求，能起到事半功倍的作用。

培训的形式是多种多样的，不见得要选派出去参加固定的培训班，也不见得一定要请到什么专家来强迫大家一起坐下来听，主管对员工的每次谈话都可以被视作一种培训，老员工对新员工的帮助也是培训，在每一个项目、每一件事情上对员工的严格要求和把关也是一种十分重要的培训。可以说，培训贯穿在日常工作的每一个细节中，连翻阅报纸、在互联网上冲浪都是不同形式的培训，在公司中必须树立一个观念，那就是培训无处不在。

3. 培训与学习

培训与学习是密不可分的，每一个拥有培训欲望的员工都是学习新知识的忠实爱好者。除了书本上的学习之外，新的资讯时代已经使太多的信息冲击人的头脑，包括精华和垃圾，每个人未必都能理智地从中汲取营养，因此沟通变得十分重要，抽时间大家坐在一起聊天，说说新近发生的事情，是一种学习的好办法，每一个人都能从他人对事情和世界的理解中或多或少地得到与自己不同的生活内容，也可能因此而激发学习的欲望，几乎每一个好点子都是一些人有意无意聊天或者说进行思维碰撞而产生出来的，因此不要吝啬你的语言和想法，哪怕它很不成熟。而在这个过程中对事件的不断完善则可被看作对每个人最好的培训。

4. 培训实施

当然，最传统的培训还是专家传授，因为在每个领域内这些专家无论是站的高度还是解决问题的技巧及其深度都会比普通人要强很多，因此借助专家的力量当然是不可忽视的。培训实施后最重要的莫过于考核，这是对培训效果的评估，因此千万不要把这个环节流于形式。培训是否达到了预期的目的，专家教授的水平如何，这些都能在一次客观公正的考核中得到体现和验证，因此任何时候都应当注意培训是一个全过程，除非你不想有所作为，否则就需要把握好每一个环节尤其是考核。

5. 培训应注意的问题

培训不能让参与者产生不快，不要因为占用了被培训人员的个人时间或者因为糟糕的培训场地而导致被培训人员的不快，这些小事会使培训效果大打折扣，因为相对被培训人员的受训欲望和培训的投入来讲，这实在是得不偿失，要注意其中的细节。你不能要求每一个参与者都具有很高的觉悟和积极性，你所能做的就是尽量为其提供一次好的机会，并且让你的参与者能够理解你（或者公司）为其做出的一切。

还有一个关键问题就是搞清楚你的员工是否需要培训。培训不是一个主观的活动，不是主管认为怎样就是怎样。培训是有其客观规律的，是有其局限性的，针对不同的员工有不同的培训措施。比如一些新员工急需的就是技能上的提高和公共知识的补充，但是对于老员工来讲，这些已经对他们构不成任何吸引。找到他们的问题，刺激他们的需求，才能有效地制订出合理的培训方案，有的放矢。

教员工使用 AAR 学习方法

在 1991 年的海湾战争中，美军的出色表现引起了全世界军事专家的兴趣。为什么在不到 40 天里，美军就干净利落地击败伊拉克？

武器先进是美军获胜的一个重要因素，但并非决定因素。战场之上，并非武器决定一切，美军在越南战争中的失败，苏联在阿富汗的败北，都是有力的佐证。

在路易斯安娜的蒲科堡垒美军训练基地，几个全副武装的士兵正在散兵坑旁热烈地讨论。这是美军在执行 AAR（After Action Review，行动后学习）的任务。

AAR 是美军的必修课。美军上校沃瑞·纳戈这样解释 AAR：“它是在军队行动结束时参与者立即集合在一起，可能在山坡上、教室里、树荫下，来讨论‘我们开始打算做什么？我们实际做了什么？为什么有差异？’”

在一次 AAR 上，费茨基拉德上校这样对士兵们说：“现在我们的要点是如何改进一些薄弱点，并且对仍需要很好调整的地方做进一步改善。”

俗话说：养兵千日，用兵一时。养兵时，严苛的军事技能训练必不可少。等真正到了战场，一个小细节的疏忽或失误，很可能导致士兵的牺牲乃至战役的失败。而美军的AAR系统，让士兵们一旦产生新的理解，马上就能响应到部队行动上。

1994年，美军去海地执行维和任务。维和在当时是一个新生的事物，就像一个公司突然进入一个陌生的市场，美军当时面临着许许多多未知的情况。没有选择，只有行动——然后尽可能多地从中学习。为了加快学习速度，部队认真贯彻AAR。

迈克尔·崔瀚上校是空军中队指挥官，他清楚记得在海地做的每一次军事行动都执行AAR。其中一些只是手写的、潦草的。比如如何跟踪通过交通控制点的车辆，如何填写关于日常事件的行动日志。每一个指挥官执行了一个特定的任务后要写出来：军事行动的概念、结果、趋势、建议、维持、改进。

在海地每周都会产生许多记录，中层官员的工作是从中提取精华并形成学习材料。然后按照两个途径传播这些信息：一是平级分发，发给其他分队的对应中层官员；二是垂直传播，传给高层军官，最后形成在全军分发的学习材料。

5个月后，当第二批部队到达时，他们拥有了第一批部队总结的所有经验。第一批军队总结的24个主要经验，让第二批部队收益极大。第二批部队在实际任务中，又总结出不少有用的经验给后来者。就这样，美军维和的战术越来越完善……

战场上，很多时候比的不是谁做对的地方多，而是比谁做错的地方少。美军通过建立AAR，使犯错误的可能性降低，因此提高了胜算。企业置身的商海，是一个没有硝烟的战场。想赢，想存活，也要努力减少错误。

记得杨澜在采访杰克·韦尔奇时，问道："在你任期中哪些错误你最没办法原谅，感到最难受？"

韦尔奇回答："那些我没有从中学到东西、吸取到教训的错误。"

简短的回答发人深思。

美军的AAR系统已经实现流程标准化。每次任务执行完毕后，都需要通过三个步骤进行总结与反思：

最初的行动意图是什么？

实际完成的如何？

我们怎样保持成就，改正失误？

不同于传统的学习、培训，AAR在组织内部打造"组织思维能力"，具有主动学习、自我完善、大家受益的特点。

为了最大限度地保证AAR的效果，以下三个原则需引起注意：

1. 风气

和传统的工作检讨不同，AAR关注的是未来。它的目的不是找出谁对谁错，而是在坦诚互信的气氛下，依据客观的事实，针对行动的过程，分享学习，探讨如何才能修正，从而在未来做得更好。

有时候，因为害怕被责备，团队成员对于自身的失误会有所隐瞒。所以一定要说清楚，AAR 不是为了追究责任，也不是将它当作评估绩效的依据，只是总结经验和教训，以备发扬长处和规避短处，不断改进。

总之，“安全地说出真相，自由地批评上司”是 AAR 必须遵守的原则之一。

2. 记录

在 AAR 中形成的结论和决定总是由一个指定的人来记录。

AAR 记录不仅可作为项目参与者的备忘，而且能有效地供其他人员分享。记录除了前述的“AAR 六步骤表”外，还应该包括：项目的背景信息、参会的人员名单、所有的关键文档（如项目计划和项目报告等）。

3. 持续

在完成每项任务后，每一个团队，不论它位于何种层次都要始终如一地执行 AAR。发现→学习→成长，周而复始，持续进行。

罗马不是一天建成的。坚持 AAR 才会达到持久深入地改善业绩、提升业绩、提升企业整体表现的目标。

第四章
使用员工——知贤非难，用贤为难

授权就像放风筝，部属能力弱线就要收一收，部属能力强了就要放一放。

——林正大

用他，就要信任他；不信任他，就不要用他。

——松下幸之助

能用他人智慧去完成自己工作的人是伟大的。

——旦恩·皮阿特

用人要用其所长

用人要用其所长，方能取得最大功效。

尺有所短，寸有所长。现在的职场分工越来越细，只有将员工安排到最合适的岗位，才能发挥其最大的价值。这就需要管理者慧眼识人，让他们做最擅长的事。

2011 年，我曾协助某企业的培训部培训内部讲师。一共有 20 多个从企业选拔出来的年轻人，男女各半。在三个月集训后，这些年轻人将两人一组，奔赴全国各地的分公司，对家电促销人员进行培训。

一开始，培训经理对所有的人采取的是全面培训。也就是说，从培训课题的设置、开发，到课程演讲稿件的完成，再到内部的讲演，都要独立完成。

通过几次试讲，我们感觉这些未来的老师能力不一、各有所长。比方说一个叫小静的女讲师，语言风趣、表情丰富，善于互动，但喜欢东拉西扯，常常信马由缰跑题了都不知道；而一个叫小刚的男讲师，虽说不会跑题，但只会一、二、三地罗列要点，表情单一，缺乏互动，一场课下来干巴巴的了无生趣。

培训经理打算淘汰像小静、小刚一样“不适合当讲师”的人。他就此事问计于我。我说：“像小刚，他的缺点的确很明显，但不知道你注意到他们的优点了没有？”

“注意到了，只是缺点太明显，恐怕一时改不过来。”经理回答。

“小刚讲课很有逻辑，他在材料的收集、整理、归纳、分析方面能力比较强，课程的架子合理，脉络清晰，就像只建好主题的房子一样，缺少内外装修不好看。再看小静，她正是一个善于装修的人。如果将他们两个组成团队，由小刚专攻课程的开发和设计，再由有演讲天赋的小静来讲课，效果应该会不错。”

经理听了，抱着试试看的态度，将小刚、小静组成小团队，效果果然非常棒。

骏马能历险，犁田不如牛；坚车能载重，渡河不如舟；舍长以就短，智者难为谋；生材贵适用，慎勿多苛求。

正确的用人之道，是充分发挥一个人长处的优势，避开一个人短处的劣势。用人就是用他的长处，使他的长处得到发展、短处得到克服。

人的长处与短处不仅有长短伴生的同一性，而且有长短相抑的斗争性。这种斗争性表现在矛盾着的长短双方相互抑制、相互排斥和相互否定。

如果从人的长处着眼，为使用对象提供和创造良好的条件，让他的长处得到充分的发挥，那么这个人日益增长的长处优势就会抵消短处的影响，或者填补短处的缺陷，或者抑制短处的劣势。

第二次世界大战后，日本的松下幸之助为重建松下集团中的胜利者公司，从许多的人选中挑选了原海军上将野村吉三郎，决定派他担任胜利者公司的经理。

该公司是以经营音乐唱片为主的大型企业，野村对音乐、唱片一窍不通，也不会做买卖，只不过曾在日美战争中作为和美国谈判的特命全权大使而有点名气。

对于野村的出任，松下集团里各方面看法不一，对他持怀疑态度的占大多数，连野村也认为自己完全不懂业务，把握不大，如果硬要他干，除非给他配备几个懂业务的助手才行。

野村上任后，一次董事会上谈论到音乐作品《云雀》的事，野村问人家：“《云雀》是谁的作品呀？”堂堂的唱片公司经理竟不知道名曲《云雀》，这件事一下传到了社会上，人们议论纷纷，指责说，这号人怎么能担任胜利者公司的经理呢？

松下集团最高决策人松下幸之助心中有数，他认准野村不但有豁达大度、人格高尚的品质，而且更具有极会用人、擅长经营的能力。他针对野村的长处和短处，采取扬长抑短的用人策略，给野村配备了优秀的业务人才，让他们把一切业务工作承担下来，使野村居于他们之上，摆脱具体业务的缠绕，发挥他组织、调度、控制和督促大家的作用。

结果如松下所料，胜利者公司在野村的经营下，经济效益迅速提高，企业一派兴旺。

如果不是从人的长处着眼，发挥人的长处优势，以长补短、抑短，而是反其道而行之，用人的短处不用人的长处，那就会使人的长处被短处所排斥和否定，不能充分发挥人的作用，出现用人的失误。

清代申居郧说：“人才各有所宜，用得其宜，则才著；用非其宜，则才晦。”这里讲的“所宜”，就是指要根据人的长短相抑的规律，正确地用其长而不用其短。

用了人的长处，就能有效地抑制其短处，其才能会显得更加突出；若用了人的短处，就会使长处受到抑制，结果其才能就会黯淡消失。

因此，春秋时期的管仲指出：“明主之官物也，任其所长，不任其所短。故事无不成，而功无不立。”也就是说，清醒的用人者懂得用人之长，不用人之短，这样办事才会成功。

福布斯集团的老板马孔·福布斯可以说是一个知人善任的管理者。他的用人之道是：只要你有才干，你就能够被安排在适合的岗位上，让你大显身手。福布斯集团发展壮大靠的就是这个。

大卫·梅克是一个才华出众的人，但他的性格让很多人无法接受。他对人冷漠，从来不留情面，而且非常严厉。一次，在下属们忙着组稿时，他突然传话说：“在这期杂志出版之前，你们中有一个人将被解雇。”

听到这些话，大家都很紧张。有一个员工实在紧张得受不了，就去问大卫·梅克：“大卫，你要解雇的人是不是我？”

没想到大卫·梅克竟说：“我本来只想给你们施加点压力，但既然你主动提出，那就是你了。那名员工真的被解雇了。”

但是马孔·福布斯却因大卫·梅克的才华和严厉，而将大卫·梅克放在总编辑的位置上。大卫·梅克在任总编辑期间，凭借他的严厉，树立了《福布斯》“报道真实”的美誉。而在那之前,《福布斯》曾多次被指责报道不实。为了保证报道的真实性，大卫·梅克曾经专门让一批助理去核实材料。《福布斯》在20世纪60年代，能够与《商业区周刊》《财富》齐名，其最大的竞争优势就是报道真实。

适才适用还有一个典型是福布斯对列尼·雅布龙的任用。

列尼·雅布龙是一名理财专家，却也是一个知名的“小气鬼”，诸如一下班就要求关冷气，死皮赖脸地拖欠他人的货款，等等。但马孔·福布斯要的就是他的这种小气，理财嘛，不小气怎么行？事实证明，列尼·雅布龙在担任总裁期间，开源和节流都做得很好。

列尼·雅布龙最著名的大手笔是出卖“美国领土”。

1969年，马孔·福布斯花350万美元在科罗拉多州丹佛市以南约321.86平方千米的地方买下一个牧场，面积为680万公亩（1公亩＝100平方米）。马孔·福布斯原本计划将这片牧场开发成狩猎场。当一切准备就绪，准备开业时，科罗拉多州政府却发出通知，说这块土地上的野生动物是该州的财产，私人不得任意处置。

这等于给马孔·福布斯的狩猎场判了死刑。怎么办？350万美元以及后期的大量投入，总不能不要了吧？

这时，列尼·雅布龙出了一个高招。他把这片土地划分成面积为202公亩的小块，然后分块出售。他们把宣传做得很到位，称这块土地是实现美国梦的最佳场所，是一个完全不受污染的天堂，可以让每一个购买的人拥有一块美利坚合众国的遗产。

这一招立见奇效，许多人纷纷购买。202公亩的售价是3500美元，每公亩是17.33美元，而马孔·福布斯买进时的价格，才不过每公亩0.51美元。这一笔生意，马孔·福布斯赚进了3400万美元，超过当年杂志的主营业务收入。

所有的企业和组织都存在两种人：管理者和被管理者。然而，不论是管理者还是被管理者，都或多或少地存在着自身的弱点。管理学家彼得·德鲁克认为，用人应着眼于他的长处，而非缺点。懂得扬长避短，就是管理的艺术。

管理的本质就是让正确的人去做正确的事情。其实就人性而言，没有绝对的优点与缺点。有弱点的员工用对了地方也能发挥才干，天才用错了地方也是废物。懂得了这一点，你才能真正把握每位员工的特点，扬其长，避其短，将“好钢”真正用在“刀刃”上。

不必事事躬亲

美国管理协会前会长罗仑斯·阿普里是这样给“管理”下定义：“管理是通过他人将事情办妥。”

可是，许多领导者却常常试图自己去把事办好，这是一种不明智的行为。

根据“重要的少数与琐碎的多数原理”可知，管理者日常只处理少数事情，而将其余琐碎的多数事情交托给下属处理。若事无巨细皆亲力亲为，则不但琐碎的多数事情将占用他的许多时间，致使少数的重要事情没有做好，而且还会剥夺下属发挥才能的机会。

许多管理者这方面做得很不成功，因为他们缺乏恰当分配工作的能力。他们总是找一些借口，如：我需要这项工作马上完成，如果自己做的话，我能做完这件工作以及另外三件；如果其他人做的话，我要花两倍的时间去培训他们，然后还得花时间检查他们做得是否正确；这件工作太重要了，只能我来做，我担心我的下属会做不好；我不想让我的人觉得我是个暴君……

藏在这些借口背后的真正原因有许多。

管理者不愿分配工作给下属，是因为他们害怕失去控制，当下属不负责任地乱搞一通时，他们就会表现出这种担心。或是他们害怕失去他们的工作，一些管理者总觉得如果他们把工作过多地分配给员工做，他们就会没有工作可做，另一个意思就是："假如我的某位员工做得比我好，该怎么办？"

许多管理者都没有意识到分派任务中的一个重要因素。如果管理者不培训年轻人胜任管理者所做的工作，那么当有更高的职位需要人时，管理者就只能被牺牲，因为没有人能接替他的位置。

所以，不愿给员工工作做，就等于管理者自己给自己堵死了晋级之路。如果事实证明随时能有人接替他们现在的职位，这也从另一个侧面说明了他们完全有资格晋级（另一个证明方式就是确保当管理者不在的时候，至少有一位员工可以胜任代理管理者的位置）。

所以，“事必躬亲”就成为管理者的一个严重的时间陷阱。跨越这个陷阱的唯一途径便是“授权”。

下面为你准备了20道题目，请据实回答，以此判断你做事的倾向。

①当你不在场时，你的下属是否会继续进行常规工作？

②你是否感到一般工作太占用时间，以致无法腾出时间做下一步的工作规划？

③一遇到紧急事件，你掌管的部门是否会出现手足无措的现象？

④你是否常常为日常工作中的芝麻小事及可能出现的麻烦而担心？

⑤你的下属是否经常要等到你的指示才敢着手工作？

⑥你的下属是否不愿意给你提供建议？

⑦你是否常常感觉工作无法按原定计划进行？

⑧你觉得下属是否只机械地执行你的命令，而欠缺工作热情？

⑨你是否常常需要将公事带回家中处理？

⑩你的工作时间是否经常超过你的下属的工作时间？

⑪ 你是否经常感到没时间进修、娱乐或休假？

⑫ 你是否常常被下属的“请示”所干扰？

⑬ 你是否因接听到过多的电话而感到厌烦不已？

⑭ 你是否常常感到无法在自己制定的限期内完成工作？

⑮ 你是否认为一位获得高薪的管理者理应忙得团团转才算称职（才配取得高薪）？

⑯ 你是否不愿意让下属熟悉业务上的机密，以免被他们取代你的职位？

⑰ 你是否觉得必须严格地领导下属的工作不可？

⑱ 你是否感到有必要安装第二部电话？

⑲ 你是否常常花费一些时间去料理本该是下属能办却没有办好的事情？

⑳ 对你来说，加班是不是一种家常便饭？

测验结果评鉴：

假如你对以上20道题的答案都是“否”，则表明你已能做到授权的要求。

假如你的答案中具有1至5个“是”，则表明你授权不足，但情况并不严重。

假如你的答案中具有6至8个“是”，则表明你授权不足的程度非常严重。

假如你的答案中具有9个以上的“是”，则表明你授权不足的程度极为严重，换句话说，你有可能是一位不折不扣的“事必躬亲者”。

7种人不可使用

世间万物，真真假假，假假真真。人身上也有许多似是而非的东西，看似优点，其实乃致命之缺点。所以，用人者不要被假象所迷惑，要透过表面现象看清其本质，才能发现和用好具有真才实学之人，而不至于鱼目混珠。人既然如物，是是非非，究竟哪些人不可使用呢？

1. 华而不实者

这种人口齿伶俐，能说会道，口若悬河，滔滔不绝。乍一接触，往往给人留下良好印象，并让人误认为他是一个知识丰富又善表达的人才。但是，需要分辨他是不是华而不实。华而不实的，善于言谈，而且能将许多时髦理论挂在嘴上，迷惑许多识辨别能力差、知识不丰富的人。

三国鼎立之时，北方青州有一个叫隐蕃的人，逃到东吴，对孙权讲了一大堆漂亮的话，对时局政事也做了分析，辞令严谨正然。孙权为他的才华而打动，征询陪坐的胡综："如何？"胡综（也是一个了不起的人才）说："他的话，大有东方朔的滑稽，巧捷诡辩有点像祢衡，但才不如二人。"孙权又问："当什么职务呢？""不能治民，派小官试试。"考虑到隐蕃的谈吐净是刑狱之道，于是孙权派他到刑部任职。左将军朱据等人都说隐蕃有王佐之才，为他的大材小用叫屈，并亲为接纳宣扬。因此，隐蕃门前车水马龙，宾客满座。当时人们都对这种有人说隐蕃好，有人说隐蕃坏的情况感到很奇怪。到后来，隐蕃作乱于东吴，事发逃走，被抓回而诛。对似是而非的人辨识的确不易。

2. 貌似博学者

这一类人多少有一些才华，也能了解其他各门各类的知识，泛泛而谈，也不无道理，似乎是博学多才的人。但是，如果是博而不精、杂而不纯，未免有欺人耳目之嫌。貌似博学者大多是青少年时读了些书，兴趣爱好也还广泛，但是因为小聪明，或者是未得名师指点，或者是学习条件与环境的限制，终未能更上一层楼，去学习更精专、更广博的东西。待学习的黄金年龄一过，尽管有精专的愿望，但是已力不从心，最终学识停留在少年时代的高峰水平上，不能更上一层楼。即使以后具有这样那样的深造环境，但由于意志力的软弱，也只是涉猎到一些新知识的皮毛，浅尝辄止。这种人是命运的悲剧，尚可以谅解。如果是以貌似多学在招摇撞骗，则不足为论了。

3. 不懂装懂者

不懂装懂的人，生活中确实不少，尤其以成年之后为甚，完全是因为爱面子、怕人嘲笑的缘故所致。有一种不懂装懂者是可怕的，他会因不懂装懂，给企业带来巨大损失，尤其是技术上的。还有一类不懂装懂的人，是为了迎合讨好某人，这种情况，有的是违心而为，在那种特殊场合下不得不如此，有的则是逢迎拍马，一味奉承。

4. 滥竽充数者

这一类人往往有一定的生活经验，知道如何偷懒。总是在别人后面发言，围绕前面的人讲过的观点和意见，并无新的见解和主张，如果整合得巧妙，不失为一种艺术，使人难以觉察他滥竽充数的本质，反而让人误认为精辟见解。这种人也有他的难处，如南郭先生一样，想混一口好饭吃，其实也不如意。如果无其他奸心，倒也不碍大事；否则，趁早解聘，或疏远之为妙。

5. 避实就虚者

这一类人多少有一点才干，但总嫌不足，用一些歪门邪道的办法混到了某个职位上去。当亲临战场时，比如现场提问，现场办公，因无力应付，就很圆滑地采用避实就虚的技巧处理。其实，这也是一门本事。这种人当副手也还无大碍，但以小心为前提，否则他会悄悄地捅出一个无法弥补的大娄子来。

6. 鹦鹉学舌者

自己没有什么独到见解和主张，但善于吸收别人的精华，转过身来就对其他人大肆宣扬，也不讲明是听来的。不知情者，自然会把他当雄才来看待。这种性质，说严重一点，是剽窃，因不负法律责任（如果以文字的形式出现，比如论文、书刊，则性质比言论更为严重），因而会大行其道。这种人没什么实际才干，但模仿能力强，这也是他的优点，也可加以利用。

7. 固执己见者

这种人争强好斗，不肯服输，不论有理无理都一个样。这类理不直却气很壮的人，生活中随处可见。对待他们一个较好的办法是敬而远之，不与其争论。如果事关重大，必须说服他，才能使正确的决策得以实施。首先应分析他是哪一类人：本来贤明而一时糊涂的，以理服之，并据理力争，坚持到底；私心太重而沉迷不醒的，则用迂回曲折之道，半探半究地讲到他心坎上去；实在是个糊涂虫，不可理喻、顽固不化的，就动用权力压制他。

8 种人不可重用

有时企业领导求才似渴，一旦发现某人有一技之长，便不问其他，委以重任。殊不知，有些人虽然学有所长，但由于自身的某一方面存在致命的弱点，总有一天会因此坏了企业的大事。所以对这些人应量才而用，万万不可忽略其缺点，对他们不可重用。

1. 投机者不可重用

投机型的人善于察言观色，把自己作为商品，总希望在“人才市场”上讨个好价钱，在工作上专好讨价还价。这些“市场探索者”都惯于利用应召别家厂商，而对目前雇用他们的公司施加压力的招数，以使该公司给他们以晋升或增加工资的机会。他们力图利用“将被别的企业录用”这种名义，来加速他们在原公司的发展。这种诡计往往易于得逞，特别是当那家企业恰好是这种人目前所在公司的竞争对手时。

2. 谄媚者不可重用

谄媚型的人深信，如果能迎合企业领导，就能步步高升。这种人无才干可言，品质恶劣，道德观念差，意志薄弱，对团队合作能起到破坏作用。

3. 自命不凡者不可重用

有些人根本看不惯别人的一切举止、想法，对于这种自命不凡的人，各种“人际关系训练法”都治不好他们的精神痼疾。把这种人一个个地互相隔离开来，是最好的解决方法，而且是唯一的解决方法。这种自命不凡的人的特点就是谁都看不起，天下老子第一，通常办法是请他另谋高就。

4. 权力欲强者不可重用

权力欲望过强的人全身都散发着“野心家”所特有的“气味”，生怕别人不知道自己的“卓越”才能。这种人能力较强，既然决心已定，一定要攀升到最高层的位置，不达目的，誓不罢休。他们对工作兢兢业业，无须别人督导。这是因为他们那极强的权力欲，促使他们不得不努力表现自己。这种人有可能把工作视为自己的生命，而不是调剂人生的手段。这种人没有爱好，没有嗜好，凡是花时间的兴趣，他们一概没有。这种权力型的人只有野心，没有计划。任何事或任何人阻碍了他们的野心和计划，都会使他们暴跳如雷。这种人只有在生命终止的那一刻，才会停止他的奋斗。要记住，这种人的本性是极其自私的，但是只要不让他到达权力的顶峰，他也是你可加以利用的。

5. 四平八稳者不可重用

四平八稳者的人处世轻松，满不在乎。没有坏心眼，工作能力也强。这种人是相当有能力的表演者，这确实值得小企业雇用。但是，他们没有权力型那种人的干劲儿和创造力，这种人在事业上四平八稳，处世哲学是“谁也不得罪”，他们可在短时间内赢得同事和下级的尊重。这种人最主要的缺点是没有干劲儿，只是想谋取一个舒适的职位而已，根本不可能跟别人竞争比赛。这种人在一个单位里不可没有，也不可太多，关键是不可重用。

6. 爱虚荣者不可重用

虚荣型的人渴望自己是富人或名人的知己。这种人只要一有机会，就会滔滔不绝地向别人炫耀他与某些有名望的人常有往来。实际上，他的那些名朋友可能根本不认识他；即使认识，也只知道他是个“牛皮大王”而已。尽管如此，这种人仍然会使出浑身的解数，使人相信他是块做经理的好材料。按照这种人的逻辑，他当了经理，有那么多名流朋友，还愁小企业没有后台？这种人没有什么真本事，只会夸夸其谈、信口开河，畅谈他的社交生涯。

7. 理论太多者不用

公司不是研究机构，若问他“这件事情怎么样”，就是一大堆这个主义、那个观点，其实根本没有说出解决事情的方法。这种人或许可能是做学问的料，但绝不是有效率的员工。需要使用“拖延”战术时，可以用这种人去“搅和”。

8. 不会交际者少用

做人最根本的是人格完整，但人们的生活习惯各不相同。商务接洽的人没有圣人，抽烟、喝酒、跳舞的人或许更容易发挥和客户的亲和力；但一板一眼、办事刻板、滴酒不沾者，在企业中则不可称之为优点，特别是对商务合作来说，则不利于开展业务。

有效授权应注意的问题

有的企业领导担心：权力是放下去了，但是能不能收到效果却不好说。的确，这种担心不无道理，如果授权无效，还不如自己辛苦点抓住权力不放。因此，放权一定要有效，切记不要搞无效授权！

授权是搞好企业管理的有效方法之一。然而这种授权必须是有效的，大量实践证明，要实行有效的授权，在授权中就要注意以下三个问题。

1. 领导应有明确的授权意识，并积极主动地授权

大多数领导者往往是一方面缺乏授权意识，另一方面也存在不相信下属的现象。他们认为，既然自己是领导，就证明自己完全有能力管理好一切。须知随着企业的发展，作为一个领导者的精力和能力都是有限的，不适当授权给下属，事事过问，其实是事事都过问不好。

2. 要掌握方法

尽管有些企业的领导们也实行了授权，但是，由于他们没有正确掌握授权方法，没有按照授权的基本程序去授权（或是未能选准授权对象，或是授意不明，或是忽视必要的追踪检查等），因此，效果并不见佳。可见，实行有效的授权，掌握正确的方法也是十分必要的。不掌握正确的方法，却想取得好的效果，是绝对不可能的。

3. 要讲求实效

授权只是提高管理效率的一种手段，而不是目的。因此，企业领导们在实行授权之后，还必须继续加强对各项工作的全面管理，尤其要加强授权过程中的管理，努力提高授权的有效性，只有这样，才能达到提高管理效率的目的。

放权既不能放任不管，也不能毫无效率，否则都不能算是懂得放权的领导。无目的放权是最糟糕的授权，这一点有很多事实可以证明，应当引以为戒。

第五章

管理员工——领导是艺术，管理是科学

管理就是决策。

——赫伯特·西蒙

管理者的最基本能力：有效沟通。

——威尔德

不善于倾听不同的声音，是管理者最大的疏忽。

——玛丽·凯

走出办公室，让管理更接地气

20世纪八九十年代流行过一阵走动式管理，随着更多实时通信工具的流行——如手机、电子邮件、MSN、QQ、微信，走动式管理一度显得多余。

昔有“秀才不出门，全知天下事”，现有“经理不出门，全知公司事”。

为此，忧心忡忡的管理学家提出了忠告：“假如你把1/3以上的时间花在办公室里，你便与时代格格不入。”

不管你是一家大公司还是一家小公司的主管经理，总待在办公室中的你会被一些设备保护着，与现实隔离。所有这些设备，本来是为使你从琐碎的事务中解放出来而设的。但你长久地窝在其中，效果就恰恰相反：你的脑海中除了一些整理得井井有条的数据以外，一无所有。

一旦走出办公室，就意味着你要走出你的办公区域主动和大家交流。美国前总统克林顿就精于此法。他经常采取突然袭击的办法走进白宫的各个办公室，有时别人在开会他也偷偷地溜进去旁听。

1. 走动式管理的优势

相对稳坐办公室的管理方法来说，走动式管理至少有以下三大优势。

（1）让上下信息的传达更加通畅、准确

团队的坏消息，团队领导者往往是最后一个知道的；公司的坏消息，老板往往是最后一个知道的。原因何在？

类似于数字信号传播，信息在传递中会"衰减"与"失真"。坏消息在向上传递时，被一级一级地过滤、加工——距离越长、层级越多，信息走样越严重。一则"哈雷彗星是如何当上将军的"笑话，真实地诠释了信息在层层传递中是如何伤不起的——

营长对值班军官：明晚8点左右，哈雷彗星将可能在这个地区出现，这种彗星每隔76年才能看见一次。命令所有士兵穿上野战服在操场上集合，我将向他们解释这一罕见现象。如果下雨的话，就在礼堂里集合，我将为他们放一部有关彗星的影片。

值班军官对连长：根据营长的命令，明晚8点哈雷彗星将在操场上空出现。如果下雨的话，就让士兵们穿着野战服列队前往礼堂，这种隔76年才能见的现象将在那里出现。

连长对排长：根据营长的命令，明晚8点，非凡的哈雷彗星将身着野战服在礼堂出现。如果操场上下雨的话，营长将下达另一个命令，这种命令每隔76年才会出现一次。

排长对班长：明晚8点，营长将带着哈雷彗星在礼堂出现，这是每隔76年才会有的事。如果下雨的话，营长将命令彗星穿上野战服到操场上去。

班长对士兵：在明晚8点下雨的时候，著名的76岁的哈雷将军将在营长的陪同下，身穿野战服，开着"彗星"牌汽车，经过操场前往礼堂。

研究发现：在超过三个层级以上的正式沟通管道中，不论是由上而下或由下而上的讯息传达，不是原意尽失就是上情没有下达或下情没有上达。而领导深入基层，亲身体验，与一线员工直接对话，能够最大限度地保证沟通顺畅、准确。

（2）及时解决问题

当工作上出现问题需要上级协助解决时，传统的方式是一级一级往上报，上级根据报告做出决策再一级一级下指示。这不仅会导致前面所说的信息失真，还会拖延时间、降低效率，严重时甚至贻误战机。

2001 年 4 月底，GE 旗下的 CNBC 电视频道的《商务中心》节目女主持人苏·埃雷拉给韦尔奇打了一个电话。她说，著名节目主持人多布斯又回到 CNN 电视台，主持《货币之线》节目，时间与《商务中心》重叠，是一个重大威胁。希望韦尔奇能发来一个电子邮件，以鼓舞她的团队成员的士气。

韦尔奇听了，回答说："苏，不用发邮件了，我亲自到你的工作室中去。"苏·埃雷拉已经为此取消了私人休假，于是韦尔奇决定亲自上阵。在接下来的一个星期里，韦尔奇与苏的 15 人团队一起，吃着饼干，喝着可乐，一起商讨出几十个应对方案。那个星期的最后一天，CNBC 的所有人，从电脑制作到布景设计，都加入讨论中来。这样，韦尔奇客串了 CNBC 的临时项目经理。他告诉团队成员：多布斯的复出无疑会夺走一部分观众，但我们决不会让他轻易做到这一点；这将是一场持久战，但我们要赢得第一场战斗。

在韦尔奇的参与和干预下，CNBC（而不仅仅是《商务中心》节目组）采取了以下对策：把节目时间延长，并从6点开播；在多布斯准备出场CNN电视台的当天早晨，CNBC的另一个节目把苏请到演播室作为嘉宾与观众见面；由CNBC体育节目在周末播出NBA总决赛时，播出《商务中心》节目预告。

结果，星期一《商务中心》与《货币之线》的首次遭遇战平分秋色，星期四再次同时段竞技，《商务中心》的收视率就一马当先。

走动式管理可以做到现场办公、就地解决，加快了执行效率。创建了两家世界500强企业的日本企业家稻盛和夫，在讲他的经营哲学时，一直强调走动式管理。他说："所有的领导，你要想解决问题必须到一线去，深入一线你才能解决问题。"

（3）传递信心和信任

美国行政管理学家切克·威尔逊通过调研后认为：如果部下得知有一位领导在场负责解决困难时，他们会因此信心倍增。这一研究成果被管理界称为"威尔逊法则"。

在韦尔奇亲临一线的例子中，他的"大驾光临"，增强了团队成员必胜的信心。

领导者走进基层，深入了解员工工作现状，可以把领导者对企业未来的信心传递给员工，对员工起到鼓舞作用。同时，领导者经常到团队前线接触员工，与员工讨论工作事宜，也正是基于对员工的信任。员工感到领导者对自己的信任，就会进一步增强对企业的好感，把企业的使命融入自己的人生目标。

将麦当劳一手做大的雷·克罗克，不仅自己热衷于走动式管理，还将公司所有经理的椅子靠背锯掉。他认为公司给经理们提供的座椅过于舒服，致使他们留恋办公室，而不肯出去走走。而把他们舒服的座椅靠背都锯掉后，他相信他们会愿意走出办公室的。

2. 走动式管理的“五多”原则

一个整天足不出户而又忙忙碌碌的领导者绝不是好的领导者，好的领导者会把“走出办公室”作为自己的信条，经常四处走走、看看、听听、问问，不仅自己身先士卒，而且还要求手下的经理或主管也要走出去，到基层办公。

在走动式管理中，要掌握以下“五多”原则。

（1）多走

许多公司的领导者深陷在无谓的应酬和会议之中。有些会议是被动的，而更多的会议则是由领导者主动发起的。许多公司的战略和执行的若干细节，都是在会议上达成共识。没完没了的会议，有可能形成群体激昂的氛围，甚至还可能提高达成共识的效率，但务虚也由此而生。

倡导走动式管理的管理专家汤姆·彼得斯认为：走访客户交流至少要占25%的时间，持续创新与激励员工要占去另外两个25%，剩下的25%的时间可以给领导去开会和应酬。

（2）多看

走动式管理首先要“多走”，但不能“走马观花”。在走的过程中要充分调动眼睛的功能，处处留意、细心观察。不但看表象还要看实质，不但看大面还要看小点，不但看明处还要看暗处。

在走动的过程中，须留心员工的工作面貌、神色、肢体语言，从这些细节中，往往可以带来更真实的信息。

（3）多听

在走与看的过程中，要善于倾听。既要听员工的建议，也要听他们的牢骚；既要听员工的有意之言，也要听他们的无心之语。阿谀奉承的话要当成耳边风，尖锐反对的话多听多留心。

倾听时，要搁置自己的成见，尝试站在他人的角度来看待问题，并“感同身受”地体验他们的感受。只有这样，才能打开员工的心扉。

（4）多问

在听与看的基础上，还要多提问题并善于提问题。问生产中的困难，问生产进度，问员工在想什么，问员工对公司政策有没有意见，等等。

另外，看到问题、听到疑点也要问清楚、问明白。同时也根据对方的回答，做出及时的回应。

（5）多想

想就是思考、分析、判断。在走动式管理中，“想”既是走、看、听、问的起点，也是上述动作的归结点。

事前没有进行周密的思考，就会胡走、乱看、误听、瞎问。事后没有进行仔细的思考，做出的决策很可能犯错。

此外，领导者在进行走动式管理时，一旦发现问题，就要立即记下来，并及时处理，注重落实，这样可以避免走动式管理流于形式；在管理中，要能够耐心聆听员工的意见和建议，真正让员工感受到领导者对团队目标的责任心，从而让领导者与员工同舟共济、携手前进！

3. 七招搞定走动式管理

一位读者曾经发邮件给我，说他所在的公司最近进行了一轮全方位的业绩考评，这是他升职两年来第一次。他领导一个30多人的团队，团队成员对他的工作都给予正面的评价——除了一个缺点：团队成员反映，除非事先安排的会面，他们很少遇到他，一些突如其来的问题或是想马上得到答案的问题，得不到及时处理。

这个读者承认他大部分时间窝在办公室里忙着工作，但他和团队成员说好了有问题可以直接找自己。

“我该怎么办呢？有人建议我试试走动式管理，我也试过几次，但我总觉得纯粹是浪费时间——既浪费自己的时间，也浪费别人的时间。要怎么才能让走动式管理有效呢？”

美国《财富》杂志正好也曾经谈到过一个类似的问题，并提出了走动式管理七招：

（1）养成习惯

只有在没有固定时间表的情况下，不期而至的闲谈才最有效率，因为“在大家没有为会面特意做准备时，你才能看到真实情况，你的走动才能获得最大回报，”史蒂文斯如是说。但如果可能的话，请在自己每天的日程安排上为走动式管理留出专门时间，就算只有半个小时也好。“经常做，效果就会更好。”

（2）单枪匹马

经常性地与员工进行一对一的谈话是走动式管理的最佳形式。带着随从、助手参加很可能会形成压抑的氛围，员工会不自在甚至感觉你在仗势欺人。

（3）平等对待

如果你了解办公室传言的来龙去脉，你就知道，和某人闲聊次数多一点，就会有人传闲话了。试着在下属之间平均分配你的交流时间，这一点即使在一天或者一周之内难以做到，也要在长期的过程中实现。

（4）论功行赏

史蒂文斯说：“对每一个人都要问问他对改进产品、流程、销售、服务有什么想法。”然后，如果某人的建议起了效果，一定要公布他的身份，以显示你会论功行赏。

（5）有始有终

史蒂文斯建议，如果无法当场回答员工的问题，之后要记得回复。除了显示应有的礼貌，也能增进信任。

（6）避免冲突

记得你的主要目的是了解事实，其次是促进和谐。为了避免损害这些目标，史蒂文斯建议：“如果你发现某个员工的工作状况不佳，请不要当场解决问题。相反地，先记下来，再找个合适的时间、合适的场合来处理。”

（7）带着具体问题去走动

为了避免盲目地走马观花，事先挑选一个具体问题，可以让走动变得有的放矢。这个问题可以是自己感兴趣的，或重要的，或紧急的，或具有挑战性的。这样，你就会不虚此行。

总之，一个高明的管理者，不会整日在办公室里坐想风云、闭门造车。他们善于通过各种方法使他的下属认识到自己所处的位置、所从事的工作是与整个组织的运作息息相关的。面对难题，他会和下属一起探讨解决之道，并充分尊重下属的意见。如此，不仅能看出员工的智慧，还能激发员工的参与兴趣和激情；而员工们则会义无反顾地把自己的精力全部投入事业之中。

设立奖罚机制，提高员工执行力

有则笑话说：

因为肥胖问题，张三35岁了还没有找到对象。他试过不少健身减肥班，但都没有多大效果。

这次，被一则广告所吸引，张三抱着试一试的心情，又报了一个健身减肥班。

不到半月，张三就减了30斤。原来，健身馆安排了一个美女陪张三跑步。美女跑在前面，不停地对张三说："追上我，我就跟你走！"

张三每天累得气喘吁吁的，人总是追不到。慢慢地就气馁了，懒得再追。

教练一看，这样不行。于是告诉他下一步该换陪练了。

第二天，张三的陪练换成了一个奇丑的女人。

这个女人追着张三跑，不停地对张三说："追上你，你就跟我走！"

张三拼命跑，半月下来，又减了 30 斤。

张三为什么会拼命跑？

从管理学的角度来看：

美女陪练时，跑得快有奖（带美女走）。这说明：奖励能够激发人的积极性与内在潜力。

那么为什么和美女跑一段时间之后，张三懈怠了呢？

因为他终于明白奖赏对自己来说遥不可及，怎么努力也没用。这说明：奖励的考核目标要适度，太高了以至于达不到会让执行者产生挫败感，因而丧失积极性。

而后，换了陪练之后，张三之所以不敢懈怠，是因为害怕惩罚（被丑女带走）。这说明：惩罚也能够激发人的积极性与内在潜力。但是这也有一个隐患，天天被丑女追，张三用不了多久也会因抓狂而"不玩了"。

因此，我们不妨对张三的减肥设计进行适度优化：两个陪练，美女前面跑，丑女后面追；美女隔三差五能被张三追上一次，若张三懈怠也会被丑女带走。

张三是不是每天都会奋力地跑啊跑？

——答案是肯定的。

这是一个管理艰难的年代，我们可以用各种词汇去描述：颠覆、悖论、不确定、乱流……但都不确切，唯有“前所未有”最为恰当。

不少企业、团队陷入了深深的困惑：管理层使出“浑身解数”，企业、团队的执行力还是无法有效提高，员工还是无精打采。整个企业、团队就像一台生锈的机器，运转起来特别费劲。

为什么不试试建立一套有效的奖罚机制呢？让你的员工如同胖子张三，在奖罚机制的前拉后推下奋勇奔跑。

树立目标，指引员工前进

目标管理是以最终目标为导向，来协调各种资源的有效利用的一种管理活动。它以目标的设置和分解、实施及完成情况的检查、奖罚为手段，通过员工的自我管理来实现企业经营目的的一种管理方法。

目标管理（MBO）被誉为“管理中的管理”，是美国管理专家彼得·德鲁克提出来的。德鲁克在《管理的实践》中最先提出目标管理这个概念，他认为：并不是有了工作才有目标，而是有了目标才能确定每个人的工作；所以“企业的使命和任务，必须转化为目标”，如果一个领域没有目标，这个领域的工作必然被忽视。

对于目标管理，德鲁克提醒领导者：目标并非命令，而是承诺。这种让员工参与进来的“我要做”而非“要我做”的目标，就是员工庄严的“承诺”。

目标管理并不局限于年度销售目标，生产管理、现场管理、售后管理等，都可以实施。在制定目标时，管理者必须遵守SMART原则：

1.S（Specific，明确具体的）

要用明确具体的语言，清楚描述所要达成的行为标准。例如“提升客户满意度”，这种对目标的描述就不明确具体。因为提升客户满意度有许多具体方法，如：减少客户投诉，提升服务的速度，使用规范礼貌的用语，采用规范的服务流程……

2.M（Measurable，可衡量的）

目标管理一定要是一个可以衡量的目标，否则容易造成目标达成与否的分歧。这要求尽量用数据来说话，例如：将客户投诉从 2% 减少到 1.5%，在 30 天内给客户审片小样。对于那些不能量化的目标，可以实行标准化、流程化。例如：使用规范礼貌的用语，接电话时第一句怎么说，挂电话前说什么，都可以标准化、流程化。而对于那些既不能量化，又无法标准化、流程化的目标，可以考虑将目标质化——从数量、质量、成本、时间、上级（或客户的满意度）五个方面来进行综合考核。

3.A（Achievable，可达成的）

不可能达成或者极难达成的目标，激不起团队成员的斗志。有些“专家”鼓励制定高难度目标，认为“取乎其上，得乎其中；取乎其中，得乎其下；取乎其下，则无所得矣”。实则大谬。目标必须是自己所期待的或对自己有挑战的。人愿意为摘到桃子而练习跳高，但绝不会愿意为了摘到星星而练习跳高。目标管理不是梦想宣言，梦想是“仰望星空”，目标需“脚踏实地”。你可以梦想当比尔·盖茨，不能将年度销售目标从 500 万元一下子上升到 500 亿元。如何判断目标是否“可达成”，这就要求坚持员工参与、上下左右沟通，使拟定的工作目标在组织及个人之间达成一致。

4.R（Relewant，与目标相关的）

目标的设定，要和公司整体目标以及个人岗位职责存在密切关系。目标不宜多，你需要保证每一个目标都是紧紧围绕公司发展这个大目标。一些关联度不大的目标，没必要花精力去实现。因为实现了，没有多大意义。

5.T（Time-bounded，有达成期限的）

没有达成期限的目标没有办法考核，或带来考核的不公。在2020年6月30日之前完成某事——6月30日就是一个确定的时间限制。有些目标时间跨度大，那么就需要分拆出小目标，定期检查小目标，通过小目标的如期推进来保证大目标的实现。

指示下属只需八分

有些高管常容易犯指示过于详尽的毛病，他们明知道有些事情一定要交给下属办才行，但是又不放心交给下属去办，因此，不知不觉中就会一再地交代：

“要按某某顺序做。这里要这样做，这点要特别注意……”

事实上，这些指示不说，下属也都已知道得非常清楚，可是上级却仍很仔细地一再指示各项事宜。

做这样详细指示的人，大部分是新创业的老板或新上任的领导，用人的经验很少，另外也有可能是从事专门职业或技术等的管理人员出身。

期望把工作做得非常完美，当然是一件很好的事，但是这样过于详尽的做法，反而会带给对方不愉快的感觉。这是什么原因呢？

受到详细指示的下属，开始时会认为，你不信任我，为什么还要把工作交给我？因而产生不满或不信赖。然而，因为不想表露出来，只好对你说："知道了。"然后乖乖地按照指示行事，每天都重复不断地按照你的指示行事。

后来，他会发现按照指示工作，实在很轻松，最后，甚至变成有指示才会工作。有这种态度之后，就会变得消极、被动，而且年轻人特有的热情和精力无法在工作中发挥，就会用在工作以外的事情上，慢慢地他就会对工作不再热心了。

下属过着不用动脑筋思考的日子，最终导致他失去思考和判断的能力，这是非常严重的事。有些人到了相当年龄仍然没有任何能力，大部分都是如此造成的。所以，如果一个人放弃思考的机会，最后也将失去思考的能力。

非常详尽地指示，然后感叹别人工作态度消极的老板，就是不了解这是因自己的行为所造成的后果。因为，太多、太详细的指示，将造成难以弥补的憾事。

如果你认为应对下属做十分详尽的指示，那么你最好忍耐一下，只下八分的指示就好，其用意是要留下让对方思考的余地。不管对新进或资深员工，都要按对方的能力而决定指示的程度。

对员工一视同仁

对员工的管理，我们最常听到的一句话就是"我对他们都是一视同仁"。这句话听起来似乎颇为公平、公正，实际上这句话根本就不公平，亦不公正。因为一个企业会拥有多则上万，少则几位员工，不管上万也好，几位也好，他们彼此相互之间并非

“一个模子”里制造出来的，因而有许多差异。

就有形的方面来说，他们性别不同、身高不同、体重不同、持重能力不同、肤色不同、讲话速度与腔调不同等；就无形的差异来说，家庭与教养、成长过程、价值取向、教育程度、反应速度、个性敏感度、事物认知，甚至行为导向等均不一样，我们如何以“一视同仁”的方法来领导与管理他们？因此，笔者认为，任何组织内的领导者，或任何企业内的管理者均应对个别员工的管理不一视同仁，而要因个体的差异，以不同的管理方法与管理技巧施以管理。

比方说，不同性别或不同教育程度的员工，当同样的绩效或同样的过失发生后，我们应该用同样的方式处理吗？答案可能是否定的。因为女性的泪水、女性对责难的承受度通常都与男性有别；教育程度较高的员工在沟通方式及技巧上与教育程度较低的员工亦不一样。

再以体质来说，一个体质强壮的员工与一个体质较弱的员工，我们可以要求他们做同样需要体力工作的量化成果吗？答案当然是否定的。因此，无论做任何事情，都要具体问题具体分析，绝对的平等是不存在的，“一视同仁”也是在不同人物、不同情况下的相对平等，这样才是解决问题的正确办法。

掌握“温暖法则”与“竹子定律”

“南风法则”也称为“温暖法则”，源于法国作家拉封丹写过的一则寓言。

在风的家族中，北风和南风一直较着劲儿，它们都觉得自己比对方厉害得多。有一天，北风和南风比威力，看谁能把行人身上的大衣脱掉。北风先刮来一股凛冽的冷风，寒冷刺骨，结果行人把大衣裹得紧紧的。稍后，南风徐徐吹动，顿时风和日丽，行人因为觉得春意上身，开始解开纽扣，继而脱掉大衣，南风最终获得了胜利。

在处理人与人之间的关系时，要特别注意讲究方法。北风和南风都想使行人脱掉大衣，但方法不一样，结果也大相径庭。

温暖胜于严寒。领导者在管理中运用“南风法则”，就是要尊重和关心下属，多点人情味，使下属真正感觉到领导者给予的温暖，从而去掉包袱，激发工作的积极性。

台风扫过热带地区时，竹类植物能逃脱厄运而不受损伤，竹子只是弯曲下来，一旦风暴吹过，竹子会在瞬间弹回原位。

竹子为人们面对抵制如何正确反应提供了极好的样板——先是弯曲以示注意到了对方的反应，然后恢复原样，重述你的要求。

这种方法非常有效，因为它使抵制泄了劲，而你所要求的变化却还保留下来且毫无变化。现在来看看“竹子战术”是如何对付更激烈的言辞和其他抵制办法，并且平静地实现变革的。

你提出变化的要求，埃斯特则回答说你根本不考虑她对这件事的感受。你不要为自己辩解，不妨先“弯曲”一下。

“我可以想象，埃斯特，看来我有点感觉迟钝。要是你能在上午完成这个项目，我很乐意在星期二腾出一小时来研究你的促销建议。”

“也许我不能总是做到应有的敏感。如你在中午前完成这个项目，那我将乐意……”

“在有些场合我可能脾气很坏。这是：我的建议。如果……那么……”采用“也许”“可能”以及“在某些场合下”等词，使你在不完全同意的前提下表示听到了对方的回答。

在遇到用借口抵制时，“竹子战术”也一样管用。假设延误的借口是“设备陈旧”，下面告诉你如何先弯后直：

“我同意你的说法，如果有最新设备，这件事就会容易一些。等你完成这项计划后我愿意……”

如果员工因个人问题过于消沉而不能高效率地工作，你可以说：“我可以想象现在要解脱出来很不容易。这项工作要是能在星期四中午前完成，我很乐于让你那天下午早走两小时。”

大多数情况下，选用“竹子战术”能很快产生效果。从总是采取抵制态度的下属开始，先弄清楚他常用的抵制方式，在上班的路上谋划并排练一下你的“竹子战术”，出现抵制时用来应对他。

降低员工流失率是管理者的重要职责

铁打的营盘流水的兵。和父辈们一辈子扎根在一个单位不同，现在的年轻人能够在一个单位待上三五年算是不错了。企业员工忠诚度滑坡已经是一个不争的事实。所谓“端起碗吃肉，放下碗骂娘，踢开碗走人”的现象，在各类企业中屡见不鲜。

创业十年的周老板忧心忡忡地说：“现在，好多员工似乎把企业当作一个福利机构，或是自己另谋高就之前的跳板、垫脚石。”他们骑驴找马，朝三暮四。对企业有一点不满意，或者外部给他一点诱惑，他就闪了。这种现象不单是发生在年轻人身上，很多中年人也不甘寂寞，隔一段时间再见面时，常常会拿出与以往不同的名片。

适度的员工流失，可优化企业内部人员结构，使之充满生机和活力，但过高的员工流失率会让企业难堪重负。

有家合资企业招聘了一名硕士。在通过面试后，这位新员工开始接受为期 4 周的培训，之后又被送到国外接受培训。所有费用都是由该企业来承担。结果，在培训期内，该员工和这家企业的领导发生了矛盾，感觉上错了船。于是，在培训结束之前，这名新员工就辞职去了另一家公司。结果，这家企业在这名新员工身上花的近 1 万元的招聘、培训、差旅费等，全部化为乌有。

人力资源成本并不是每位员工的薪酬可以衡量的。包括作业成本、管理成本、办公费用成本、培训费、招聘费等。一些正规的大公司还有奖金、养老保险、工伤保险、失业保险、医疗保险等各项费用。如果员工工作效益和成本不成正比，企业的损失将是很大的。

拿人力资源成本来说，当招聘会的规模越来越大，人员次数越来越多时，面谈的次数也相应增多，招聘成本也随之上升。如果新招聘的人员短时间流失，企业又会增加填补空缺的时间、其他人员的聘雇成本等。即便是内部调换员工补充，从一个岗位转到另一个岗位，或从一个部门换到另一个部门期间，也会产生员工档案交接成本，因熟悉工作、产生错误等诸多因素而带来成本的增加等。

另外，员工离开企业或多或少都存在对企业一定程度的不满，他们可能会自觉或不自觉地做出不利于企业的言论，在员工间传播会引起人心不稳，扩散出去会破坏企业名声。

一般来说，本土企业在10%以内的员工流失率（一年）属于正常；以业务为导向的公司或团队，则可以将尺度放宽到20%；在大多数中小企业里，流失率超过30%甚至50%。

因此，面对员工的流失，团队管理者要尽到自己留人的责任。

第一，招聘合适的员工。

第二，让每一个人都有事可干。

第三，培训是公司留住人才的最好礼物。

第四，及时地了解员工的思想动态。

第五，建立通畅的意见（建议）管道。

第六，进行坦诚的离职面谈，了解原因并化解离职员工的负面情绪。

以上是团队管理者权限里所能做的事。如果站在企业层面，则可以通过劳动合同、职业年金计划、公司期权、优先购股权等方法，将高员工流失率降下来。

第六章
激励员工——志犹学海，业比登山

管理就是沟通、沟通再沟通。

——杰克·韦尔奇

以爱为凝聚力的公司比靠畏惧维系的公司要稳固得多。

——赫伯·凯莱赫

如果强调什么，你就检查什么；你不检查，就等于不重视。

——郭士纳

学会运用激励机制

引发动力的能力是鼓舞与激励他人的艺术或技巧。这种能力表明激励者对他人的关注，激励者渴望以某种一般或具体的方式帮助被激励者。被激励者可以是激励者的子女或下属、同伴等，甚至是激励者本人。

领导者应具有的一个重要品质是，无论顺境还是逆境他都应有鼓舞人们的能力与愿望。显然，当企业繁荣昌盛、利润上涨、薪金增加、奖金提高时，鼓舞他人会相对容易些。

但是，当钱不再是刺激因素（因为报酬递减律的限制）或者当境况不佳时，我们又该如何激励他人呢？再有，当员工已经精疲力竭或者感觉无聊时，以更多的报酬刺激他多做些工作并不容易。此外，当公司在商界战场上遭遇失败时，老板也很难装出一副笑脸。然而，正是在这些不利的情况下，领导者鼓舞员工的能力才会更显重要。

我们所有的人都有过士气高涨的经历。我们会受到鼓舞，自觉地工作到很晚才上床睡觉，早晨天不亮就从床上爬起来，因为我们发现工作变得更加有意思。

这就是鼓舞的力量。不幸的是，至今仍有许多经理不会运用这种力量去激励员工。一些经理仍在那里利用自己的等级特权对周围的人指手画脚。他们要求下属尊重自己，得到的结果肯定不尽如人意。

思想先进的领导者懂得尊重他的下属，激励并支持他们朝着共同的目标奋进。在这一过程中，这位领导者自然而然地就得到了他的团队的尊重和支持，从而收到最好的效益。

让员工觉得自己重要

身为企业管理者，要想让员工奋勇前冲，那么就得遵循一条准则，这条准则就是："让他感觉到自己很重要。"

我们不要老是去责怪别人，要认可他，鼓励他。

1. 你是最好的

认定一个人工作成绩的优良与否，会有多少种不同的看法？而对下属工作的奖励，又有着多少不同的方式？你可曾想到可用多少方式来表扬下属的成功？又有多少不同的方式向别人说"恭喜你，你是我们的骄傲！"

魏兹曼将任以色列空军司令时，由于当时以色列空军只创立了几年，其装备十分简陋，工作效率也难以得到肯定。

魏兹曼当时就能记住空军中每个飞行员的名字，他时常以名字来称呼他们。而且他还清楚他们每个人的私人困难和兴趣，飞行员眷属生孩子，他不会忘记送花。他拟出了一个招募空军时所用的标语："空军要最好的。"每当他拿起电话来，通常开始就是这样的一句话："嗯，中东最好的空军有什么消息？"他的下属官员也逐渐受到他的感染，尽管他们人数、装备都很少，但他们都自认为是最好的。

在你的企业里，作为领导者的你，只要把"你是最好的"这一理念传递给下属，你将会看到，为了不辜负你的期望，他们会做得更好。

2. 叫出下属的名字

作为上司，不要老是用“喂”来呼唤下属，久而久之，会让他感到不安，最好是直接呼唤他的名字。

当小孩出生时，双亲为了希望他将来能成功、幸福，千挑百选地为他命名。一个人从懂事以来，这个一听到就令人思亲的名字，不知道被唤过多少回。历经几十年，由自己口中说出，手中写出，大家都对自己的名字有种莫名的感情，自然会非常重视它。然而，如此重要的名字有时会被人写错，或是公司的上司无视它的存在，随口“你来一下……”。被如此对待，没有人会心情愉快的。

因此，管理者要正确地记住下属的名字，呼唤他们时，不要说“喂、你……”，务必呼唤他的名字，而且尽可能亲切地呼唤，这是掌握下属情绪的第一步。

如下属人数不多，所以不单只是熟记他的名字，尽可能连他本人的出生年月日或对他家人的事也能了若指掌。例如“张先生的儿子明年就要考大学了”，等等，随机应变地活用这些信息，以便能抓住下属的心。

正如美国著名的管理人玛丽·凯所说的，“在你的想象中，你应该看到每个人都挂着一块大标语牌：‘让我感到重要’”。

在奥斯特利兹战役开始的前夕，拿破仑巡视全军，从这堆篝火走到另一堆篝火。每当他停下来，官兵们都上来包围住他。拿破仑和他们谈笑，并感谢他们对他的忠诚。他向他们保证明天这一仗一定会赢，并说明他准备好了医疗急救，只要有人负伤，绝对会立即受到照顾。

“答应我们，”一位老兵高喊着，“你自己要远离炮火！”

“我会的，”拿破仑回答说，“我会留在预备队中，直到你们需要我的时候。”

在现实工作中，大多数的人都不希望被当成“剩人”或是“闲人”看待。只要能赋予他们某项特定的任务，哪怕是再微不足道的工作，也能够满足他们的成就感，让他们感到自己很重要。那具体要怎么做呢?

这不一定要以金钱、锦旗、奖杯、假期，或是其他的实质利益来兑现，有很多时候，员工们所需要的往往只是一句奖励或慰勉的话。

无论下属想要的是尊重、成就感，还是各类有形无形的嘉奖，目的都只有一个：希望别人能肯定他们对公司所做的努力与贡献，这也就是“心灵层面”的需求。相对之下，像吃饭、睡觉这些例行公事就只是美国心理学家马斯洛所称的“生理层面”的需求，不需要获得掌声你也会去做。

也许你的下一个问题会是：“那要如何去得知每个下属的需求呢？”其实你已经知道答案了，就是透过经常性的双向沟通，以了解每个人的不同需求。

要想成为卓越的管理者，得将每个下属都看成一个完整的、活生生的个人。开始时，不管自己领导的团队有多大，在你四处走动时，至少能叫得出每个人的名字。有人说恺撒大帝能叫得出他军团里成千上万人的名字。他在平时喊着他们的名字，在战时他们心甘情愿地为他卖命。

情感激励，温暖人心

在你的眼中，下属是人还是机器？

这个问题直接关系到管理者采取哪一种管理方式，并能取得怎样的效果。对此，大多数管理者的答案都倾向于前者（做得也许是另一套），毕竟以人为本的概念已深入这些企业管理者的心里了，但是也有一部分人例外。

曾经，某制造业大厂接二连三地出现跳楼事件，其中很重要的原因就是员工被机器挟持，进而变成了“机器”。板着脸孔的上级、冰冷刻板的规章、漠不关心的同事，麻木机械地上班、下班，工作效率与质量能好到哪里去？

美国前总统尼克松在《领导人》一书中写道：“我所认识的所有伟大的领导人，在内心深处都有着丰富的感情。”换一种说法，这些伟大的领导人都是富有人情味的。

日本“经营之神”松下幸之助就是一个有人情味的领导者，他认为：“最失败的领导，就是那种员工一看见你，就像鱼一样没命地逃开的领导。”松下经常会为前来汇报工作的员工沏上一杯茶，用诚挚的声音说：“你辛苦了，请喝杯茶吧！”在到各个分部视察时，也不忘表达出对下级的爱和关怀。

记得在一部反映美国独立战争的电影中，一场残酷的攻坚战将要在荒原上展开。所有的将士都知道这一仗将是无比凶险，将会有无数战友有去无回。

将军最后一次检阅了他的部队。他从整齐的方阵前缓缓走过，眼里噙着泪水，注视着如他儿子般年轻的脸庞，似乎要将每一张脸都镌刻在脑海。

这名将军自始至终没有说一句话，但他的举动震撼了每一个士兵的心灵。士兵们发出震耳欲聋的喊声。然后在将军的指挥下，士兵们如猛虎般朝敌阵发起了冲击。在那场决定整个战争胜负的惨烈战役中，他们发起一次又一次的冲击，终于用鲜血凝成了胜利。

这就是情感的力量，比荷枪实弹的督战队还要有力。

现代情绪心理学的研究表明，情绪、情感在人的心理生活中起着组织作用，它支配和组织着个体的思想和行为。因此，要想打造出一个高凝聚力的团队，团队领导不但要“晓之以理”，还要投入一定的情感因素，动之以情。“理”是木桶的木板，而“情”是木板之间的黏合剂。

人非草木，孰能无情？把下属的冷暖放在心上，为下属排忧解难，真诚地“以心换心”，就可以产生一股凝聚力，也会使自己具有威望。

历来，雪中送炭胜过锦上添花。当下属情绪处于低潮时，正是抓住下属的心的最佳时机。

1. 工作不顺心时

下属因工作失误或工作无法照计划进行而情绪处于低潮时，就是领导者抓住下属的心的最佳时机。因为人在无助时，希望别人来安慰或鼓舞的心比平常更加强烈。

2. 人事异动时

因人事异动而调到自己单位的人，通常都会交织着期待与不安的心情。应该帮助他早日去除这种不安。另外，由于工作岗位的构成人员改变，下属之间的关系通常也会产生微妙的变化。不要忽视了这种变化。

3. 下属生病时

不管平常多么强壮的人，当身体不适时，心灵总是特别脆弱。

4. 为家人担心时

家中有人生病，或是为小孩的教育等烦恼时，心灵总是较为脆弱。

以上这些情形都会促使下属的情绪低落，所以适时的慰藉、忠告、帮助等，会比平常更容易抓住下属的心。

现在有句时髦的词叫“感情存储”，这句话对于管理者来说更加适用，帮助他人如同把一笔钱存入了银行，最终是会有回报的。

用授权提升绩效

帮助员工重新获得他们自己的权威和力量，以对自己的工作生活做出适当的反应。别揽权在身，这是领导技巧的极致表现。

“我的员工总是不肯负起责任去完成一些工作，哪怕是一些我认为当务之急的事情，请帮助我解决这个问题。”在一次企业管理研讨会上，一位中型企业的总经理如是说。其实，这不仅仅是困扰着一家或几家企业的难题。

长期以来，有很多企业的总经理都在各自的企业中扮演着“世界级救难者”的角色。他们或许这样认为：公司是我白手起家打拼出来的，公司的一切决策权当然是我掌握，员工能循规蹈矩就行了。于是，他们便总是在每件事情中间来回奔波，事必躬亲地去插手控制几乎每一件工作。但是公司的绩效却总是难有大幅度的提高，甚至有所下滑。这是什么原因呢？

于是聪明的管理者悟到：是到了该“授权”的时候了。他们开始制定制度，分派工作并追踪进度，但所有的决策过程依旧掌握在他们那里。于是，员工们在工作进程中不断地向他们咨询和请教每一个小细节，结果是他们花在这些上面的时间有增无减，授权工作最终未见成效。

怎样授权才是合理且又行之有效的呢？

美国的大卫·麦克莱兰提出：“人有三种基本需求。”成就需求、权力需求和归属需求。这三种需求是紧密相连的。当员工走进你的公司后，他们在出色完成本职工作并获得公司付给他们的应得薪金，还有一些奖金和表彰。这样，职务薪金满足了他们的基本温饱需求，奖金和表彰又给予了他们一定的成就感。在这种成就感的驱使和激励下，他们渐渐进入了一个最佳工作状态。需要提醒的是，这只是一种凡事听命于权威，而不愿去负担任何责任的工作状态。当这些扮演着“世界级救难者”角色的总经理们居高临下、大包大揽地做出决策后，其结果如何呢？

无论他们做了什么，却总是不免出错。“这都是你们的错！”除了训斥，甚至准备解雇员工。于是员工们会说：“这些不都是你的决策吗？我们不过是听命行事而已，这有什么错？”

总经理们也许忘了，不论是在部门、车间或流水线里，他们都是各自领域的专家，这是不争的事实。他们知道怎样完美地去做完自己的工作，如果他们不具备这种技能的话，你是绝对不会雇用他们并且从他的利润里拿出钱来为他们发薪水的。那么错的是谁呢？

难道是你吗？你比员工更加努力地工作着，几乎到了废寝忘食的地步。但在这里，我将不得不告诉你这个无情的事实：“正是由于你缺乏对员工的信任而揽权在身，使得他们只仅仅是为了维持生计而臣服在你的权威下，毫无创造激情地机械地重复着每天的工作，永远扮演着逃避责任者的角色。”

人在儿童时期就学会了如何做世界级的“逃避责任者”，他们会为逃避责任找一大堆借口：“我现在不能清理房间，因为我还有很多功课要做”“这不是我的错，是因为……”借口多多，不胜枚举。

身为一位管理者，你的当务之急是要鼓励员工们忘掉他们过去所学到的或已习惯的逃避责任的心态，帮助他们重新树立起“我应当担负责任”的模式，并将之转化为“我能有效而适当地对工作生活做出反应”的状态。此时，你的工作是为你的员工创造良好的工作环境，把自己从千头万绪的微观、具体的工作中解脱出来，站在宏观调控的角度去着力协调各单位之间的协作关系。

让你的员工们分别在各自的领域中扮演权威者的角色，并使他们的利润也随授权而最大化地增长。这样，他们就会感觉到自己的能力与工作态度得到了公司的充分认可和倚重，并且会意识到原来自己的工作是公司运作的重要环节之一，于是一种极大的成就感油然而生。随之是强烈的归属感：“公司是属于我们自己的啊！我们还有什么理由不为它努力工作呢？”

至此，最佳的职业工作生活质量产生了。那么，授权就实现了吗？不，还没有，不要忽略了一个极其重要的环节，那就是，你要将授权对象的自我期许，通过有的放矢的培训，提升到足以鼓励他们会在今天出现非常成就，继而在明天创造出优秀业绩的理想境地。

有这样一个故事，一位大公司的总裁到一家下属工厂召开现场改善办公会。在会上，总裁颇具民主作风地向现场的职工征询如何有效提升工作绩效的建议。一些员工提出：公司授予工厂主管的财务支配权太小，只有10万元的审批权，而一旦工厂里出现一些亟待解决但超过主管财务支配权限的问题时，则需层层申报，当经过烦琐的组织程序将资金批下来时已经延误了工作进度。

他们罗列了一些例子来着重阐述，他们希望公司能就此问题做出改善。总裁听后当即宣布将工厂主管的审批权提高到100万元，此举顿时赢得了员工们的热烈欢迎与拥护。但是轮到工厂主管担心了：我能很好地运用这项权力吗？如果我支配错了10万元甚至100万元，这个责任我承担得起吗？也许会被处分甚至解雇。

这位主管的忧虑并不是多余的，这里便涉及一个我们称之为“授权预期”的问题。显然，在你准备授予员工任何重要权力之前，对其进行有针对性的培训与适应性的锻炼是十分有必要的。所以，在你的公司里建立一个员工提升及授权预期的培训机构不失为明智的决定。

现在，你可以为你的员工授权了。那么，谁是执行这项工作的人谁就将是该工作的负责人。他将承担这件事的一切责任。既然他是这项工作的专家，他就将扮演决策者的角色来决定如何能使这项工作日臻完美。在新的管理模式中，谁是实际执行者谁就拥有最大的权力。这样，你的授权完成了。

在充分授权后，你将扮演一个雁群首领的角色，并且十分有必要成立一个由包括市场、销售财务公关、人力资源、研发、质监等多部门的专家组成的松散型小组，以快速准确地分析处理来自企业内、外部的各类信息，据此及时做出导航性的决策，以指导各分权部门的具体工作。

这个小组还有一项重要的职能，就是着力协调各部门之间的关系，使其加强沟通，消除部门之间的鸿沟，促使各部门结成战略合作伙伴关系，通力合作，使各部门的业绩最大化，最终达到提升公司整体绩效的目的。

建立薪酬奖励机制

工资和奖金制度是雇佣双方都关心的主要问题之一。

令人不安的是，在同一家公司中，首席执行官的收入与最底层雇员的收入差距正在按指数规律上升。当然应该拉开收入档次，采取创业激励机制，以鼓励高层管理人员为提高公司的产值而努力工作。采用股票期权制和特别分红制都是可行的。但是，那些身居要职的大人物，就不为他们自己为自己所开的、被理事会里那些由他们一手扶植起来的家伙所批准的过高的薪酬而感到一点内疚吗？是他们造成了收入差距的过分拉大！难道他们就没有意识到，员工们对他们有这样的看法：那些“身居高层的大人物们”正变得十分贪婪，无耻地抢去了最大的骨头。而当首席执行官为了快速发财而迫使其他优秀员工为保住公司的股票价格而疲于奔命时，这种感觉就变得更加强烈了。而且，当公司被兼并时，首席执行官手里也一定会有一顶金色的降落伞可以随时打开，而那些卑微的小卒就只会得到几条漏水的救生船！

这不是激励员工的正确方式，也不是培养员工对公司忠诚的正确方式。我们都知道薪酬问题是一个重要问题。但是，我们在培训员工的长期优良表现、培训员工对公司持久而真实的忠诚方面，做得显然不够。

一般来讲，一家公司的薪酬制度应该做到公平，而且在同行业中具有竞争性。3P（职务、表现、能力）制度有很好的指导作用。一个人的薪酬应该与他的职位、级别和职衔联系起来。一个人的工资和奖金还应该以他的表现为基础。而且，一个人的特殊技能、对公司的贡献以及个人的发展潜力，在计算他的薪酬时也应该得到承认。这对于吸引和留住有特殊才能、有创造能力的员工至关重要。

就像一个饥饿的人首先要考虑如何找到食物而不可能把精力集中到工作上一样，一个切实感到收入过低的员工首先考虑的是钱而不会是工作。另外，如果我的工资翻了一番，我可能会在一定限度内主动加班工作。但是，如果我并不属于那种人，或者由于工作环境不利于创造力的发挥的话，工资翻一番并不能立即使我变得更加具有创造力。而且越来越多的证据显示，对于富有创造力的员工来说，在他们的基本需求得到满足之后，金钱算不上是一个很大的激励因素。

因此，对大多数员工提供优厚的薪酬，在于创造一种让大家安居乐业的环境。只有在人们感到心情愉快的时候，他们才不会过多地考虑金钱。工作条件和激励机制应当鼓励的是积极的进取心，而不是贪心。

谈到每年的工资晋升和分红，很多公司采用“贝尔曲线”方法，这是一种简单的经验主义。在这种方法中，占公司人数 10% ~15% 的高层职员得到丰厚的报酬，而同样占公司人数 10%~15% 的底层员工却得到的很少，或者什么也得不到，而大部分员工则被归入领取平均报酬的行列。这是工资管理的一种方便办法。

但是，公司领导的工作是为了做什么事情都图个方便呢，还是为了能使优秀的员工受到鼓舞、能使更多的员工受到激励以便改进工作呢？“贝尔曲线”方法自动地把太多的员工归刀中等的行列。如果大多数员工只能得到中等的工资晋升和分红，那么，用不了多久，他们的表现也会变成中等。因此，薪酬管理部门应该对薪酬分配曲线或者分配政策重新修订，以鼓励员工向着优秀的目标不断改进自己的工作。

一般来讲，在大多数人的薪酬中，都存在着一个“平衡点”，超过这个“平衡点”，效益递减的规律就会发挥作用。超过这个“平衡点”，薪酬减少可能成为挫伤积极性的因素，但是，再增加一些钱也对提高积极性的帮助不大。

而且，研究发现，聪明的、有上进心的、有自我激励精神的人，超过了金钱能代表的安全感和满足感的那个“平衡点”之后，能对他们真正起到激励作用的因素更多的是有意义的挑战、被人认可以及在事业上的发展。这些因素能使他们感觉良好，而且能使他们看到自己正在朝着自己所珍视的梦想和自我实现踏踏实实地前进着。

有一家公司付给员工的工资不高，却使员工保持心情愉快，它就是迪士尼，特别是它的游客众多而管理有序的主题公园。迪士尼创造了一个非常好的环境——物质上、技术上和精神上的环境——在这种环境里，它的员工们为自己能在这个“神奇的王国”里工作而感到心情愉快。这些员工为自己能接待来自不同年龄、不同民族、不同宗教、不同种族的游客而感到愉快，并表现出热情。

因此，薪酬激励只是员工激励的一个重要方面，但超过了一定限度，它便不会再有应有的作用，这是每位管理者都应把握的。

建立物质奖励机制

奖赏是一门艺术。作为一名管理者，应当学会用艺术的方式对员工进行奖赏，即使是纯粹的物质奖励也不例外。而且由于物质激励具有很大的局限性，这就要求管理者更要懂得奖赏的艺术。

许多管理者迷信“重赏之下，必有勇夫”这句话，因而拿出了“尚方宝剑”，企图以重赏的方式来带兵，以期带动工作。可惜的是，由于个别管理者不注意奖赏的方法，不但未能收到预期的效果，反而使公司内部矛盾重重、冲突不断，造成公司工作效率低下、优秀员工大量流失。

举个例子来说，有一家规模庞大的公司为了提高业绩，决定出奇招儿，以多项大奖来激励销售部的50名推销员。这些奖品五花八门，大至1辆新轿车，小至1张礼券，有30种之多。在活动期间，每个推销员各凭本事去拉客户，等活动结束之后就开始清点每个人的战果，业绩排在第一名的推销员可以领到30张彩券，第二名29张，依此类推，也就是第三十名可能只领到1张，后面的就没有了。

到了庆功晚会上，摸奖的活动开始了：从箱子里抽出一等奖可获轿车1辆，二等奖获洗碗机1台，依此类推。可是到了要抽奖的时候，公司的管理者忽然又宣布一项新规则：每个人只能抽取一项奖品。结果呢？真是让人大跌眼镜，轿车被第12名的人拿去了，而洗碗机则落入了第23名的人手中。销售业绩排名第一的人居然只抽到了半打葡萄酒，事实上，排在前5名的推销员所抽到的都是微不足道的小奖。结果他们在饱受其他同事的取笑之余，可以说是群情激愤，最后索性集体跳槽到别的公司去了。原先公司的管理者在始料未及之际，也只有摇头叹息的份儿："唉，顺了姑情逆嫂意，不管怎么做，我都是输家！"

究其失败的原因，主要是该管理者没有考虑到以下几点。

第一，员工们会有自知之明，晓得自己到底有没有资格去角逐，如果他们抱着局外人的心态在看好戏，士气反而会更低落。

第二，僧多粥少的结果，常常是"一家欢乐数家愁"。只出现了一个英雄，却带来了许多郁郁寡欢的"失意政客"。

第三，"以成败论英雄"的论功行赏方式失之客观，让许多鞠躬尽瘁却时运不佳的人们为之气结，容易产生强烈的反对情绪。

第四，不论有多少奖赏，到最后通常都是各个一线部门在分赃，其余的“后勤”部门根本就只有在底下当观众的份儿，怨声载道。

再举个成功的例子。有一天，外国某公司的总裁深深为一位员工的杰出表现所感动，想当场奖励一番，但苦于身上无一物可给，情急之下，这位总裁把手伸到桌子上的一盘水果中，摘下了一根香蕉来送给那位员工以表谢意。后来因为这个点子广受欢迎，公司甚至发明了用黄金打造的香蕉领针，而它也成为公司内部竞相争取的奖品。

这个例子充分体现了奖赏的艺术。不要轻视做对事情的人，要立刻给予奖赏。拿这根香蕉来说，奖赏不是什么了不起的东西，不应让怨恨破坏了奖赏的美意。同样，如果你身为一个管理者，也可以仿效上面的做法，可以在心中设定一套临时的奖励标准，只要下属们达到这项标准就可给予一项小奖，无须等到目标达到之后才去论功行赏。

下面介绍三种艺术地进行奖赏的方法。

1. 明的暗的要公正

奖赏可公开进行或暗中进行，但两者都要以正当而合理为适宜。暗中奖赏不失正当，才是正途。

凡是大家看法一致、不易引起众人反感的事情，可公开奖赏；若是见仁见智互异，而又非奖赏不可的事情，便暗中进行，以减少误解或不满。

普遍性的，可公开实施；特殊性的，除非众所公认，否则以暗中进行为宜。不管怎样，公平是唯一的原则。

2.公的私的要分明

用公家的钱，送私己的人情，这打的是一种明得暗失的算盘。受惠的人，一方面感激，一方面有样学样；其他的人，却会看在眼里怨在心里，既然是公家的钱，为什么不索性多花一些，连我也照顾在内？

私人的事宜应该明说，花自己的钱也要表明。不必垫私钱办公事，否则也是公私不分明。私人恩怨不能公报，更不可以存心图谋私利，因为公私不分的奖赏，到头来，必然公私两蒙其害。

3.刚的柔的要相济

用刚硬的方式来奖赏，多半建立在权益的基础上面；以柔软的方式来奖赏，则偏重于情谊。以情谊为出发点来实施奖赏，效果较佳。所谓柔能克刚，正是此事。

柔不表示胆怯怕事，也不是推、拖、拉、敷衍了事。柔是用真诚的爱心来感应，使对方从柔中发出一股强烈的愿望，自己奋发有为。

刚是一种果断的作为，具有短时间的爆发力，当作非常的手段，比较有利。刚硬之后，如果再以柔软来安抚，更能得人心。

不可存心杀一儆百，因为人心惶恐，并没有好处。应当处罚到什么程度，若是难以判断，最好从轻；应当奖赏到什么程度，若是难以判断，最好从优；若非证据确凿，宁可从轻发落。刚柔相济，所重不在惩罚，而在教化。

第七章
惩戒员工——既是管理者的权利，也是义务

管理是一种严肃的爱。

——西洛斯·梅考克

沟通是管理的浓缩。

——山姆·沃尔顿

无法评估，就无法管理。

——琼·玛格丽塔

掌握批评的语言艺术

批评，是一件令人十分难为情的事情，不但被批评者在那种特定的氛围之中多少有些难堪，就是担负批评任务的领导也会感到尴尬。因为批评的对象是和自己朝夕相处的员工，因此更加难以开口，不知道应该用什么言辞来表达才好。正因为如此，批评可以称得上语言学问之上的学问、艺术之中的艺术。

批评作为一门语言艺术，有许多技巧。掌握了这些技巧性的语言就可以合理地运用批评这个工具达到教育人的目的了。下面介绍几种比较常见的语言表达方式：

1. 用委婉的语言批评

和直言直语的批评方式不同，很多人都愿意接受委婉的批评方式，这种方式让他们感到自己有台阶可下。

有一个人在水库内网鱼，他没有看到不远处有“禁止捕鱼”的标志。一会儿，水库管理员向他走来。此时，捕鱼者站起来才看到了不远处的那块牌子。他心想这下可糟了。

可是，这位管理员走近后，并没有大声训斥他，反而和气地说：“先生，您在此洗网，下游的水岂不被污染了？”一番话令捕鱼者十分感动，连忙道歉离去。

这位管理员就很懂得发挥委婉的语言的作用。

有时候，批评员工也可以用这种方式。员工都是成年人，何况他们有些人自制力很强。对于他们无意中犯的错误，可以用委婉的语言来提醒他们，没必要直截了当训斥一番。

2.用安慰的语言批评

大多数员工对自己所犯的较大的错误都有一种懊悔的心理。此时，管理者需要做的就不仅是简单的批评，还要给对方一些安慰。

一次，小王代表公司去谈判。他年轻没有经验，对方乔装打扮成客户来宴请他。他被对方灌醉了，不慎把公司谈判的底价说了出来。

事后，小王后悔不已，甚至打算以三个月不领薪水来惩罚自己。管理者知道后安慰他说："我理解你此时的心情，你确实使公司损失了一大笔钱。不过没关系，我们正好可以借机迷惑他们。你以前为公司所做的一切有目共睹，放宽心，协助我做好以后的工作就可以了。"一番话让小王放下了包袱。

后来，小王才知道，管理者当时承受着很大的压力。可是，他并没有表现出来，反而安慰自己，小王为此感动不已。在以后的工作中，他虚心向管理者学习，学到了不少谈判的技巧。

这就是安慰式批评的效果。它的特点就是一方面指出下属的错误，另一方面对他们表示一定的认可，给犯错误者以一定的心理安慰。

然而，安慰也应该有个限度，绝不可以给对方留下只安慰、不批评的印象，这也无助于对方改正错误。

3. 用故意抬高对方的语言批评

既然是批评，怎么可以抬高对方？许多人对此可能不明白。其实，这也是批评的一种技巧。只要表达得巧妙，就可以达到批评的效果。

在后藤担任松下公司一家新工厂管理者的时候，一天，松下吩咐留下五六个人加班，后藤也自觉地留了下来。晚上，松下来视察工作完成情况。当他知道工作还没有做完时，毫不客气地训斥了后藤，他说："实在太不应该，怎么连你也做这种事情？"

令人不可思议的是，后藤听到这样的训斥之后，不但不生气反而十分高兴。因为松下的那句"连你也做"分明隐含了对自己的赏识。比起其他人来，松下对于后藤寄予的希望更高。因此，此后后藤处处以更加严格的标准要求自己，处处要做到比别人优秀。

这就是批评的技巧。在批评一个人的时候，使对方觉得自己比别人更重要，由此产生自惭、自责、自励的心理。这种语言的驾驭能力实在太高明了。

4. 用恳请的语言批评

提到批评，许多人想到的就是训斥。其实，还有一种批评就是用恳请式的语言达到批评对方的目的，不妨一试。

比如，公司内有的员工难免会把东西乱放，管理者们常常会训斥他们："别把东西乱放！"这样，对方的反应往往会是："吓唬谁？我想怎样放就怎样放，别以为你是管理者我就得事事听你的！”这就是逆反心理的表现。

此时，如果换一种说法：“请把东西摆放整齐些，好吗？”

“哇！管理者竟然用这种语气和我说话？”员工的心中会一阵惊喜，听了以后会马上收拾好乱七八糟的物品。

这就是恳请式的批评，由于维护了对方的自尊，被批评者会心悦诚服地接受批评。

5. 用模糊的语言批评

有时候，在批评中用一些模糊语言，也可以收到好的效果。比如“个别”“有的”“也有的”等。这样，既照顾了对方面子，又指出了问题，说话具有某种弹性，比直接点名批评效果更好。

6. 用幽默的语言批评

有时采取幽默的批评方法，可以让下属在微笑中接受你的批评，同时也可以加强和谐的人际关系。

有一次，一位管理者在食堂午餐时拒绝让妻子吃猪肉，员工莫名其妙地问：“您是回族群众？”

“啊？不！她的老祖宗倒是姓朱。而且，她的身材实在是太丰满了。再这样下去，骑自行车我都带不动她了。”管理者指指身边的太太。

其实，这位管理者的妻子也是他的下属。他这样说既批评了妻子，又照顾了妻子的面子，且让员工开怀大笑，感到这位管理者很富有人情味。

由此可见，批评人不一定都要声色俱厉，被批评的人也不一定都会垂头丧气。只要懂得运用批评的语言技巧，只要是从关心和爱护员工的角度出发，即便是批评也会让人心悦诚服地接受，从而化解一些冲突和误会。

批评时要顾及对方情绪

每个人都会犯错，除非我们变成圣人。管理者如何处理失误，对员工的情绪、效率及忠心能产生极大的影响。此时我们需要足够的智谋、耐心与沉着。说得太多或伤害了某个人敏感的“神经”会引发令人失望的后果，说得太少或太轻又有可能无法达到预期的效果。

在先前那些等级分明的老式机构内，很多员工看到高层管理人员时会害怕得浑身“发抖”。人们极力掩盖错误，因此减少或延误了进行弥补、更正的机会。

我们可以设想这样一种情况或场景：

老板对着秘书大喊道：“告诉那个笨蛋张三，拿着他的……到这儿来！”张三浑身哆嗦地走了进来：“是，是的，刘总。”

老板没有调查问题的起因，便问道：“你知道自己都做了些什么吗？你太粗心大意了！我告诉你不会有任何奖金，现在滚出我的房间！”

张三小声说：“对，对不起。”他也许会补充道：“李四交给我的那部分本身就有问题。”张三一边退出房间一边压着嗓子低声咒骂着老板。张三可能会向同伴讲起自己如何被老板羞辱。类似于上述场景但不至于如此严重的情况经常在一些公司内发生，特别是在发展中国家的公司，甚至于在今天这个时代依然如此。

我们再来看一看以人为本的老板在一个以人为本的机构内是如何处理类似失误的。

老板对秘书说："你能不能把张三叫过来？"

张三走了进来："早上好，刘总。"

老板可能没有笑，但是他尽量避免皱眉头。他会回应张三的问候，有可能这样说："张三，正如你所了解的，我们做的产品灵敏度非常高，我们要求每一个人都应有杰出的表现。事实上，我对你的经验与管理能力期望很高，相信你能维护我们严格的标准。但是，我听说生产上出现了问题。因为你负责生产部，所以请你简略地跟我讲一下到底是怎么回事。"

张三回答道："正像您刚才所说，这个问题确实很严重。我来之前已经快速分析了一下问题的起因，好像是我的部门得到的那部分零件本来就有问题。我对此事负有不可推卸的责任，因为我没能向员工充分解释零部件的灵敏度，而且我们没有检查各部件的规格便将新机器迅速组装了起来。"

老板说："请你一定要确保这种事情下次不能再发生了。这种需要付出昂贵代价的错误会让我们大家看上去都很难堪。我会同供应商谈，强调一下他们所提供的产品必须100%地符合我们的规格。我也会请人帮忙对质量管理部门的员工进行培训。”

老板以肯定的口吻结束了谈话：“张三，我相信你的能力。”或者：“张三，我知道你不会辜负我对你的期望，你一定能尽快将问题处理好。”

在某些语言背景下，老板也可能在说这些话时拍拍张三的肩膀。不仅如此，如果条件许可，老板也许还会补充说：“……张三，假如你和你的部门一直能生产出符合质量要求的产品，下次我们再谈的就是奖金而不是问题了！”

张三心情舒畅地离开了老板的房间。他将集中精力改进产品的质量而不是对老板怀恨在心。

第一个老板觉得他会借侮辱下属证明甚至扩大自己的权势或权力。这种老板总认为自己太忙，没有时间询问问题是怎么出现的或为什么会出现。下属则认为老板不喜欢他，于是乎开始讨厌老板。在这种情形下，糟糕的精神状态及连带状况便明显地显现出来。

第一个场景所反映的文化体现了道格拉斯·麦格雷戈已经过时的X理论。X理论基本上认为人普遍具有惰性，缺乏动力，需要不断的监督与激励。但是如果像对待动物一样对待人，诚如棉花种植园经济的繁荣依靠的是奴隶的劳动一样，那么可怜的工人就不会有真正的动力。唯一能激励工人的就是他们对监工惩罚的恐惧。

在第二个场景中，机构的特点与老板的性情表明员工受到了重视与尊重。老板履行职责时凭借着：

①强调工作的重要性或灵敏性；

②强调高质量工作的必要性；

③表明自己对下属的信任；

④询问问题的起因，而不是冲动地发一通脾气；

⑤给下属一个公平的机会让其解释情况，提出改进措施；

⑥通过得到更好的零部件向下属提供支持；

⑦提供质量管理培训及提出对业绩的奖励。

这种情况大体上属于麦格雷戈的 Y 理论。Y 理论认为：人们喜欢让身体与大脑运转起来，喜欢以某种方式进行创造。主要影响人们工作态度的因素是工作环境与待遇。

在第二个场景中，下属当然为自己的失误深感内疚，但他既没有“丢面子”也没有心生怨恨，尤其因为老板自己也承担了责任并且对他表示了支持。下属从老板那里得到激励后会尽快解决质量问题，争取保持质量的水准，因为成绩对他意味着升职、奖金等。

第二种情况是积极的责备或忠告。错误当然不容轻视，但必须以尽可能最好的方式改正过来。此时老板不应利用错误作为攻击某个人的理由；相反，老板应将错误视为承担责任、分析解决问题的前提，视为显示他（或她）关心公司及员工的机会。老板因此将斥责变成了下属受到教育、得到发展的机会，并借此恢复和提高下属的工作热情。下属也会相应地集中精力改进自己的表现，让给他希望、公平的老板高兴。

在这种情况下，任何一位通情达理的员工都不会对老板心怀怨恨，也不会消极地耗费他（或她）的能力。

这些情况听起来可能会让人觉得过于简单——要知道有些情况也许更为复杂，尤其是当老板对下属有偏见或不友好的记忆时。

领导者首先需要辨别什么类型的错误应该加以指责。违反组织原则与价值的行为必须严格处理，纪律问题与愚蠢的行为也应该受到严肃处理。

但是，倘若员工是在进行革新试验时出现失误，他们得到的应该是积极性的提示与鼓励，以便继续寻找新的解决办法及改善措施。如果在革新与价值创造的过程中老板指责员工的失误，他（或她）会因此而扼杀了员工的创造精神。领导者日后也会意识到这种失误甚至失败是通向成功必要的奠基石。

善用“肥皂水”

理发师在给他人刮胡子的时候，都要事先在对方的脸上涂上肥皂水，这样，在刮起来的时候，才不会让人觉得疼痛。

一个卓越的管理者必须明白：批评的形式不一定就是指责，表扬的目的不一定就是称赞。对员工进行有效的激励，要注意方法，否则就会适得其反。“肥皂水”效应是许多管理者经常应用的一种法则。目的在于，以赞美的形式巧妙地取代批评，以看似简捷的方式达到直接的目的。

在一家商贸公司，有一位非常漂亮的女秘书，但是，她经常会在工作中出现一些不该有的差错。一天，总经理突然来到了她的办公室，并且对她说：“今天你穿得真漂亮，看上去非常适合你的体形。”女秘书又惊又喜，但是，总经理马上又说：“但是你可不要骄傲呀，我相信你处理的工作也一定会与你的穿着一样漂亮。”从那天起，这位秘书在工作中再也没有出现过一些不该有的错误。

所以，总经理在教导他的下属时会说：“这种方法很妙，也很简单，既不会刺伤对方的自尊心，还会促使他们信心十足地完成工作。”

许多成功的企业管理者都善于利用这种方法提升员工的工作激情，从而提高企业的业绩。康柏电器公司欧洲分公司的一位高级主管希尔·哈茨非常推崇“肥皂水”激励效应：“这不仅使我可以坦诚纠正下属的错误，而且也可以让员工自动自发地做好自己的工作。”

任何公司的效益都不是逼出来的，而是由员工积极地工作产生的。如果一味地强迫员工去卖力地工作，只能使公司的产品与服务越来越糟。要想使员工主动地将工作做好，“肥皂水”激励效应便是一种行之有效的方法。

在经营管理中，哈茨在使用这种激励效应时，提出了以下三点要求。

1. 以与员工保持平等的地位来要求自己

每一个人都有强烈的愿望与自尊要求与别人保持平等。平等的意识在企业员工管理中是非常重要的，成功的管理者与企业老总都十分重视这种平等的精神，从而可以团结企业中一切可以团结的力量，并且能促进彼此间有效的沟通与和谐的相处。

2. 虚心倾听员工的心声

在对员工进行有效激励前，必须了解员工的心声，只有真正把话说到他们的心窝里，他们才会消除顾虑，打消不良的念头。许多时候，一句真挚的话语要远胜于任何物质奖励。重要的是，你必须懂得他们需要什么、想说什么。

3. 对员工态度亲切友善

正如同刮胡须一般，必须用力轻缓、用力适中，否则只会给别人带来不适。在激励员工时，要赋予必要的同情心。一个员工的工作效率低下，必定有不为他人所知的难处。一位关心员工、注意企业人文精神的老总与一位“工作狂”型、只注意员工工作结果的老总相比，前者最能把握住员工的这种微妙心理变化，所以，在必要的时候，只要因势利导，富有人情味，员工都会非常诚恳地进行自我反省，并积极地投入工作中。

在企业中，以平易近人著称的哈茨，并没有像人们所想象的那样过分地与员工接近。一个领导者如果过分地与员工接近，会降低自己的威信。恰恰相反，正因为哈茨可以在第一时间了解员工的内心世界，所以每次他中肯的话语都会让员工百听不厌。

哈茨从不赞同委婉的批评或是拐弯抹角的善意提醒，他认为，如果自己的真实意愿一旦被员工理解，那么在他们的心中必然会产生非常可怕的邪念：“这个老板很阴险！”所以，员工以“小人之心度君子之腹”的心态面对你善意的开导便会成为一种必然。

哈茨每次在激励犯了错误的员工时，总是会以开诚布公的方式告诉对方——他在哪些方面做得非常好，希望他多向这方面努力，从而让员工心服口服，同时会被哈茨中肯的话语感动。所以，在任何员工面前，他的这种方式不但提升了自己的威信，而且还提高了自己的激励效果。

给下属将功补过的机会

美国 IBM 公司有一个高级管理人，曾由于工作严重失误造成 1000 万美元的巨额损失。许多人向董事长提出应把他革职开除，他心里非常紧张，但董事长认为一时的失败是企业家精神的“副产品”，如果能继续给他工作的机会，他的进取心和才智有可能超过未受过挫折的常人，因为挫折对有进取心的人是一种最好的激励。

第二天，董事长把这个高级负责人叫到办公室，通知他调回原职。这个负责人非常惊讶：“为什么没有把我开除或降职？”董事长却说：“若是那样做，岂不是在你身上白花了 1000 万美元的学费？”后来，这个高级负责人以惊人的毅力和智慧为该公司做出了卓越的贡献。

伽利略说：“你不可能教会任何人一件事情，你只能帮助他自己学会这件事情。”一个企业的领导要有容忍下属犯错的度量，下属犯的错误等于你为他交的学费。

如果只是狠狠地训斥，使他离开时闷闷不乐，甚至存抱恨之意，是无助于问题的解决的。如果像上述董事长那样，有意识地原谅下属的过失或错误，维护他们的自尊心，反而能激励他们的进取行为，从而将错误转化成一种强烈的动力，最大限度地发挥自己的聪明才智，将功补过。容人之过，等于扬人之长，将能大大激发人的进取心，这是每一个企业家都应牢记的。

宽严相济之道

清代的一位朝廷大员赵藩有一次游览成都武侯祠时，撰写了一副著名对联："能攻心则反侧自消，从古知兵非好战；不审势即宽严皆误，后来治蜀要深思。"这副对联概括了诸葛亮治蜀的方针谋略，对当今企业的领导仍启示颇深。

《三国演义》第六十五回谈到刘玄德平定四川后，使诸葛亮拟定"治国条例"，诸葛亮坚持以法治蜀，蜀郡太守法正则主张应"宽刑省法"。

法正谏道："昔高祖约法三章，黎民皆感其德。愿军师宽刑省法，以慰民望。"

诸葛亮回答说："君知其一，未知其二，秦用法暴虐，万民皆怨，故高祖以宽仁得之。今刘璋暗弱，德政不举，威刑不肃；群臣之道，渐以陵替。宠之以位，位极则残；顺之以恩，恩竭则慢。所以致弊，实由于此。吾今威之以法，法行则知恩；限之以爵，爵加则知荣。恩荣并济，上下有节。为治之道，于斯著矣。"

诸葛亮这一段话铿锵有力，深透精辟，入木三分，使得法正当场为之拜服，也使四川四十一州军民安静，国盛兵强。

这一历史告诉我们：时移则势异，势异则情变，情变则法不同。因此，对于领导者、决策者而言，最重要的是要有审时度势的清醒头脑和领导艺术，不能陷入经验主义、教条主义之中，使丰富的历史知识变成僵化思想的牢笼。我们的管理是宽和还是严猛，或者严宽并济，尚需管理者深思再三。

洁白的月亮上也有阴影，吃五谷杂粮的人更不可能完美无缺，这是事实。令人遗憾的是许多老板总是期望他们的员工是一个完人，而且他们还花费大量时间去寻找他们的不足之处。

有一种情况确实难以处理，就是你在多大程度上可以忍受员工的不足。你是否可以对他们的微小错误视而不见？当员工违背了你一直保持的做事标准时，你是否应当给予其惩罚？你是否应当提醒员工注意他们的错误？

这些问题确实令你左右为难。如果你装着视而不见，由此担心员工趁机利用这一点，并使之继续蔓延；如果你及时给予关注和处理，又担心他们视你为多事之人，把你当作一个不管员工多么努力而从不对他们表示满意的完美主义者。

你应当站在员工的一边，对他人的缺点和不足表示容忍和理解，这是一个老板的重要品质。

绝不要动辄实施惩罚，或者制造一个令人惊恐的气氛。如果员工出现某一错误时，他们不用担心自己即将遭受处罚，那他们势必会更好地工作。员工在对老板做出评判时，宽容型的老板似乎更令他们接受。在许多公司里，当员工出现某一问题时，事后的调查与追究是较普遍的一种做法。实际上，对于员工的错误，最好是从中总结更多的教训而不是过于追究。

如果偶尔发生下面的事情，你应该宽容处之：

员工偶尔迟到；

当你认为员工应当告诉你某一事情时，他们却没有；

某位员工丢失了一份重要的文件；

某一员工向顾客提供了一个错误信息；

员工没有积极主动地解决某一问题；

员工忘记了某件事情或违反了某一规则；

员工不顾制度而自行其是；

员工无意得罪了你。

当然，宽容也要有个限度，如果某位员工经常不断地未能满足你的标准和要求，并且最终导致很大的损失，这时，你作为老板应当完全介入，并且采取相应的措施。

作为管理者，你的作用就是要保证事先制定的标准得以实现，并且以一种令人接受的方式去解决那些偏离标准的行为。如果你将自己视为一个评判他人行为的法官，让自己不断评价他人，那你将会与员工逐渐疏远。你应当充当员工的一名顾问，让他们对自己的行为和结果做出令人可以接受的判断。

我们要经常评判某些行为，并且对那些以不同方式进行评判的员工给予宽容和容忍。当我们与员工一起工作时，关键是要找到你们各自价值的最大共同点。强制实施是毫不管用的。

当今时代，你不可能迫使员工去改变那些令你无法容忍的东西，你只能制定一种制度和程序，让员工根据你对他们的工作需要而自我检查其价值和行为。在此过程之中，你必须保持适度的宽容和容忍。

当你发现某些你并不喜欢的事情时，咬住自己的舌头。当你张口要批评他人的缺点时，请把话吞到肚子里。

管理者要懂得恩威并施

作为企业的领导，要实现自己的意图必须与下属取得沟通，而富有人情味就是沟通的一道桥梁。它有助于双方找到共同点，并在心理上强化这种共同认识，从而消除隔膜，缩小距离。

富有人情味的上司必是善待下属的。

上司要赢得下属的心悦诚服，一定要恩威并施。所谓恩，则不外乎亲切的话语及优厚的待遇，尤其是话语。要记得下属的姓名，每天早上打招呼时，如果亲切地呼唤出下属的名字再加上一个微笑，这名下属当天的工作效率一定会大大提高，他会感到，上司是记得我的，我得好好干！

有许多身居高位的大人物，会记得只见过一两次面的下属的名字，在电梯上或门口遇见时，点头微笑之余，叫出下属的名字，会令下属受宠若惊。

对待下属，还要关心他们的生活，聆听他们的忧虑，他们的起居饮食都要考虑周全。

所谓威，就是必须有命令与批评。一定要令行禁止，不能始终客客气气，为了维护自己平和谦虚的印象，而不好意思直斥其非。必须拿出做上司的威严来，让下属知道你的判断是正确的，必须不折不扣地执行。

上司的威严还在于对下属布置工作，交代任务。一方面要敢于放手让下属去做，不要自己包打天下；另一方面在交代任务时，要明确要求，什么时间完成，达到什么标准。布置了以后，还必须检查下属完成的情况。

恩威并施，才能驾驭好下属，发挥他们的才能。

领导人在工作中不免有生气发怒的时候，而所发之怒足以显示领导的威严和权势，对下属构成一种令人敬畏的风度和形象。应该说，对那种“吃硬不吃软”的下属，适时发火施威，常常胜于苦口婆心和千言万语。

上下级之间的感情交流不怕波浪起伏，最忌平淡无味。数天的阴雨连绵才能衬托出雨过天晴、大地如洗的美好。暑后乘凉，倍觉其爽；渴后得泉，方知其甘。此中包含着心理平衡的辩证哲理。

有经验的老练领导人在这个问题上，既敢于发火震怒，又有善后的本领；既能狂风暴雨，又能和风细雨。当然，尽管发火施威有缘由，毕竟发火会伤人，甚至会坏事，领导者对此还是谨慎对待为好。

1. 适度适时发火是需要的

特别是涉及原则问题或在公开场合碰了钉子时，或对有过错人帮助教育无效时，必须以发火压住对方。况且领导人确实为下属着想，而下属又固执不从时，领导发多大火，下属也会明白理解的。

第一，发火不宜把话说过头，不能把事做绝，而要注意留下感情补偿的余地。领导人话语出口一言九鼎，在大庭广众之下，一言既出，驷马难追，而一旦把话说过头则事后骑虎难下，难以收场。所以，发火不应当众揭短，伤人之心，导致以后费许多力也难挽回。

第二，发火宜虚实相间。对当众说服不了或不便当众劝导的人，不妨对他来一个大动肝火，这既能防止和制止其错误行为，也能显示出领导人运用威慑的力量，设置了“防患于未然”的“第一道防线”。但对有些人则不宜真动肝火，而应以半开玩笑、半认真或半俏皮、半训诫的方式去进行，这种虚中有实、情意双关的方式，使对方既不能翻脸又不敢轻视，内心往往有所顾忌——假如上司认真起来怎么办?

第三，发火时要注意树立一种被人理解的“热心”形象，要大事认真，小事随和，轻易不发火，发火就叫人服气，“拿住人”，长此以往，领导者才能在下属中树立起令人敬畏的形象。日常观察可见，令人服气的发火总是和热诚的关心帮助联系在一起，领导人应在下属中形成“自己虽然脾气不好但心肠热”的形象，从而使发火得到人们的理解和赞同。

2. 发火不忘善后

领导人的日常发火，不论怎样高明总是要伤人，只是伤人有轻有重而已。因此，发火伤人之后需要做及时的善后处理，即进行感情补偿，因为人与人之间，不论地位尊卑，人格是平等的。妥当的善后要选时机、看火候，过早了对方火气正盛，效果不佳；过晚则对方郁积已久的感情不好解开。因而，宜选择对方略为消气、情绪开始回复的时候为佳。

正确的善后，要视不同对象而采用不同的方法，有的人性格大大咧咧，是个粗人，领导发火他也不会往心里去，故善后工作只需三言两语，象征性地表示就能解决问题；有的人心细明理，领导发火他也能谅解，则不需下大功夫去善后；而有的人死要面子，对领导向他发火会耿耿于怀甚至刻骨铭心，则需要善后工作细致而诚恳，对这种人要好言安抚，并在以后寻机通过表扬等方式予以弥补；还有的人量小气盛，则不妨使善后拖延进行，以天长日久见人心的功夫去逐渐感化他。

艺术地善后还应体现出明暗相济的特点，所谓“明”是领导人亲自登门进行谈心、解释甚至“道歉”，对方有了面子，一般都会顺势和解；所谓“暗”是指对器量小者发火过了头，单纯面谈也不易挽回时，便采用“拐弯抹角”或“借东风”法，例如在其他场合，故意对第三者讲他的好话，并适当说些自责之言，使这种善后语言间接传入他的耳中，这种背后好言很容易使他被打动、被感化。另外，也可以在他困难时暗中帮忙，这些不在当面的表示，待他明白真相后，会对领导由衷地感激。

批评员工要有限度

有些领导喜欢“痛打落水狗”，下属越是认错，他咆哮得越是厉害。他心里是这样想的：“我说的话，你不放在心上，出了事你倒来认错，不行，我不能放过你。”或者，“我说你不对，你还不认错，现在认错也晚了！”

这样的谈话进行到后来会是什么结果呢？一种可能是被骂之人垂头丧气，假若是女性，还可能号啕大哭而去；另一种可能则是被骂之人忍无可忍，勃然大怒，重新“翻案”，大闹一场而去。

这时候，挨骂下属的心情基本上都是一样的，就是认为："我已经认了错，你还抓住我不放，实在太过分了。在这种领导手下，叫人怎么过得下去？"性格比较怯懦的人会因此而丧失信心，刚强的人则说不定会发起怒来。

显然，领导这么做是不明智的。

有的领导说："不是我得理不让人，这家伙一贯如此。做事的时候漫不经心，出了问题却嬉皮笑脸地认个错就想了事，我怎么能不管他？"

的确有这样的人。即使这样的人，在他认错之后再大加指责仍是不高明的。不论真认错假认错，认错本身总不是坏事，所以你先得把它肯定下来，然后顺着认错的思路继续下去：错在什么地方？为什么会犯这样的错误？错误造成了什么后果？怎样弥补由于这一错误造成的损失？如何防止再犯类似错误？等等。只要这些问题尤其是最后一个问题解决了，批评指责的目的也就达到了，管它是真认错还是假认错呢。

要知道，1000 个犯错误的下属，就有 1000 条理由可以为自己所犯的错误做解释、辩护。下属有能力自我反省，在挨批评之前就认错，实在是已经很不错了。当下属说："我错了"，当领导的还不能原谅他，那实在不能说是个高明的领导。

此外，对领导批评之后即能认错道歉的下属也不用大加责备，特别是一些极轻微的错，第一次犯错误和不小心犯错误等，只要稍微提醒他一下即可。

犯错误是第一阶段，认错是第二阶段，改错是第三阶段。不管是经过批评后认错，还是未经批评而主动认错，都说明他已到达第二阶段，当领导的只能努力帮助他迈向第三阶段。

批评不要伤人自尊

俗话说："树要皮，人要脸。"所谓"脸"，就是人的自尊。人如果没有了自尊，那便无药可救了。没有自尊的人有两种情况：一种是自己失去的，一种是让人给毁伤的。对前一种人，领导者可做的努力或许很少；后一种情况，领导者要千万注意，不少人的自尊心恰恰是被领导者给毁伤的。

有些人由于工作能力较差，时常做不好事情，反而给领导添麻烦，于是每个单位都想将他调走，又没有地方肯接纳他。有的领导便会说："他要是能调走，我磕头都来不及！"这种话是伤人自尊心的。

事实上，即使在工作场合被视为无用的人也有他自己的长处。他或许看似低能，却在某一方面潜藏着特长，也许他很笨拙，却也因此比别人更勤奋卖力。偌大个单位，总该有适合他的工作可做，而不应对他抱嫌弃的态度。

有人本身并不低能，但因为做错了事，也会引得某些领导说出伤人自尊心的话来，比如："你是什么东西？你以为我不知道你的老底吗？"或者说："你这种家伙，成事不足，败事有余！"这种话一出口，不是叫人心灰意冷，就是引起大吵大闹。

当领导的必须明白，自尊心是应该受到保护的。不伤害人的自尊心不仅是尊重他人人格的表现，而且对企业大有好处。人有了自尊心，才会求上进，有上进心才会努力工作。

调查研究表明：凡是自尊心强的人，不论在什么岗位上都会尽自己的努力而不甘落后于人。明智的领导要保护下属的自尊心，要想方设法加强下属的自尊心。比如，注重礼貌，让他们充分体会到自己与上级在人格上是平等的，或使用适当的褒奖，让他们有荣誉感，等等。

自尊心受到毁伤的程度是不同的，有的属于局部的，就是说，被害者的自尊心并未完全失去，他还能感觉到自己受了伤害，这样他就必然记住伤害他的人，对之产生反感、厌憎乃至仇恨。如果这个人是他的领导的话，他要么积极地谋划调离本单位，要么采取“不合作主义”。只要是你说的话、你下的指示，他都不会尽心尽力、甘心情愿地完成。这样，怎么可能把工作做好呢?

另一类是全部的，就是说被害者已经全然失去了自尊。他甚至再也感觉不到什么叫自尊心受伤害。他自暴自弃，自甘落后，什么乱七八糟的事都干。到头来，他本人毁了，企业的工作必然也大受影响。

伤人自尊心是领导的大忌，在领导者心情不好的时候尤其要大加注意。

批评原则十八条

批评也要讲究原则，下面十八条规则可为你提供参考。

1. 别向其他人发牢骚

直接向你认为对不起你的人提出异议，绝不对其他任何人发牢骚。

2. 不要拿一个人的行为和别人的行为相互比较

谁也不愿被人说自己不如别人，你一比长短，即使说的话合情合理，对方也不高兴再听下去。再说，这种比较多半也不得要领。

3. 批评要及时

你一有机会和对方单独相处，可以畅所欲言，就要尽快提出你的批评。倾吐抑郁跟做别的事一样，拖得越久，越难启齿；等得越久，怒火越旺，更容易无的放矢。

4. 切勿重复

一旦表明观点并经过对方仔细考虑后，千万别再重提。对方既然有耐心，听你指出他的错误，你说完了就不应再提这件事。

5. 只可以指责对方改得了的行动

你可以要求一个人别嚷，但如果要求他别生你的气，大概就寄望太过奢了。

6. 尽量一次只提一件事

批评太多，会打击对方的情绪，重要的话反而没听清楚。因此，与做其他的事一样，批评也要有个重点。

7. 不要在抱怨之前先来一个开场白

“啊，有件事，好久就想告诉你了，说出来可能得罪你，请你别见怪，可是……”还有比这种话更糟的吗？你的本意是怕对方痛苦，先给他打预防针，结果却使他急得如坐针毡。你的开场白等于说你的批评势必穷凶极恶，并且表示你虽出于善意，他也许没有同样不存芥蒂的胸襟，不能接纳。

8. 别为批评而道歉

你恳切提出批评之后，不要再为这件事道歉。道歉会削弱你批评的价值。道歉等于说，你批评了对方，反而要对方安慰你，因为你受不了，这样一来更增加了他无谓的心理负担。

9. 避免讥讽

讥讽的动机总不外乎鄙视、畏惧等。你鄙视别人，别人就不听你的话。无论措辞如何巧妙，冷嘲热讽总不是好风度。

10. 批评不要言过其实

不要用"老是""从来没有"这些字眼。批评的时候，为了耸听而言过其实，往往使你的话失去正确性。

11. 别指望对方总肯接受你的批评

人家耐心听你批评，你也要谢谢他，要养成这个习惯。

12. 要指责得充分、正确、有理

在指责前，先把事情问清楚，确定是否真正属于应该指责的事情，再来进行指责。

13. 不要在众人面前指责

一对一地指责是良策。当然，如果是不会引起对抗的简单的技术性错误，为了对其他下属进行教育，在群众面前指责也是可以的。

14. 冷静而文雅地进行处理

人在激动时会禁不住放大声音，表现得过分冲动。遇到这种场合，可将问题放置一段时间，使之冷却，恢复到冷静的状态，再进行冷静的处理。

15. 不要令人失望

注意不要因为指责而把下属搞得夜里失眠，造成终日闷闷不乐、空度时日的状态，而招致对工作丧失意志的结果。指责是教育。为了有效地用人，应该照顾到怎样使他自觉地谋求自己的进步，自觉地配合自我启发。特别要注意不要导致他说出不经考虑的任性的话来。此外，不要忘记指责到最后必须再讲一番勉励的话。

16. 不要太啰唆

利用刚刚发生和最近发生的错误，回溯过去这样、那样的过失和错误，全部摊出来，相提并论、长篇大论、喋喋不休，无止境地指责，这样将会毫无效果，应排除“多说几句为好”的想法。根据问题，按照反省的程度，说一句：“最好今后多注意些”，反能收到较好的效果。

17. 按照对方情况，改变指责方法

是男性还是女性？是年轻人还是老年人？是新进人员还是老手？是经验丰富的还是缺乏经验的？是脾气刚强的还是懦弱的？是喜欢钻牛角尖的人还是直爽的人？等等。人各有各的特点，必须看清了对方的特点，再考虑指责的适当方法。

18. 不要忘记谦虚待人

对下属的错误要抱着自己也有责任的态度。应采取亲自和下属对过失进行共同分析、探讨和努力解决的态度，而不要只是一味地抱怨下属。

第八章
处理员工消极情绪——解决与解雇并非一念之间

企业即人。

——松下幸之助

不能搞平均主义，平均主义惩罚表现好的，鼓励表现差的，得来的只是一支坏的职工队伍。

——史蒂格

在市场竞争的条件下，首先是员工素质的竞争。

——比尔·盖茨

警惕员工不满，及时消除隐患

身为一个管理人员，你必须时刻提高警觉，防范员工工作情绪长期低落。对这种现象切莫轻心，有时会如传染病一样，让整个部门陷入低落、瘫痪。

一般来说，你可以从某个员工平日在言行举止的反常表现，来洞悉其中所潜伏的危机，比如：

做事心不在焉，频频出错。

经常迟到早退。

工作表现乏善可陈。

懒得跟同事打交道。

刻意回避公司所举办的各项活动。

毫无来由地发怒。

出现这些征兆都不会毫无原因：如果不是个人生活上遇到麻烦，就是工作上遇到问题。如果是因为工作问题而反常，其潜意识是：希望以此引起上级的注意。一般人宁可挨骂，也不愿受到冷落。

因此当你察觉到某个原本非常敬业的下属，最近却像是在梦游般地频出差错，或是某个人缘极佳的同事连续几天都莫名其妙地封闭自己，那你得当心了。因为他很可能正在向你亮起红灯，发出了一道警讯。

倘若你未能防微杜渐，及时予以开导，那他们的情绪会越来越低迷，所传递的警讯也越来越强烈：比如在部门内制造恶毒谣言弄得人心惶惶，或是在业务上故意捅个大娄子让你头痛一番。

别忘了，你是他们的上级，要是依旧坐视不理，让雪球越滚越大，那最后这个烫手山芋必然还是要留给你自己去享用。

是什么引起员工的不满？

与其真相猜猜猜，不如来一次员工满意度调查。通过员工满意度调查这个新的沟通平台，为更多真实的信息铺设一个反馈的渠道，能够有系统地了解员工对企业各个方面的满意程度和意见，有效诊断公司内部管理的潜在问题。

员工满意度调查一般是一个季度一次，分别对以下几个方面进行全面评估或针对某个专项进行详尽考察。

1. 薪酬

薪酬是决定员工工作满意度的重要因素，它不仅能满足员工生活和工作的基本需求，而且还是公司对员工所做贡献的尊重。

2. 工作

工作本身的内容在决定员工的工作满意度中也起着很重要的作用，其中影响满意度的两个最重要的方面是工作的多样化和职业培训。

3. 晋升

工作中的晋升机会对工作满意度有一定程度的影响，它会带来管理权利、工作内容和薪酬方面的变化。

4. 管理

一是考察公司是否做到了以员工为中心，管理者与员工的关系是否和谐；二是考察公司的民主管理机制，也就是说员工参与和影响决策的程度如何。

5. 环境

如温度、湿度、通风、光线、噪声、工作安排、清洁状况以及员工使用的工具和设施，极大地影响着员工满意度。

常用的调查方法是访谈调查法与问卷调查法。访谈法有面对面访谈或电话访谈，问卷法有纸质问卷或电子问卷。

调查可以委托第三方专业公司来做，代价是花一笔不菲的钱。企业自己做的话，根据经验，采取匿名的电子问卷比较接近真实。越是小型的企业，纸质问卷越是容易失真。比如一个员工明明常常抱怨企业的加班制度，但是在问卷中他却填写非常满意。即使是匿名，他也担心说真话会暴露出自己。

至于电子问卷的制作方法，网上有简易的教程与转换工具，一学就会。

妥善处理员工不满情绪

员工要发泄不满的话，第一步当然是找直属上司。如果直属上司无法帮他解决的，他会求助于上司的上司。如果得不到满意的答复时，就会找公司的最高管理阶层。这个阶段如果还是得不到解决的话，只有一走了之或闹上法庭了。

为了避免事情闹大，你必须事先防患于未然，任何微小的不满都必须尽快秉公处理，以免事态因此而蔓延，扩大。所谓“星星之火，可以燎原”，如果在事情扩大前不能处理得当的话，那在后面就有苦头吃了。

为了处理好这些事情，你要经常和下属们谈心，和他们密切接触与沟通。如果下属信任你的话，他们就会毫不保留地向你诉说任何心里的话。当然你也会希望你的下属都是一群生产效率高、乐观，对你无话不谈的人 ——不但心中不满会对你倾吐，有高兴的事也乐于和你分享，只有双方的沟通畅通才能有效地处理这些事情。

员工的不满情绪中有许多是由上司引发的，诸如以下“自我”的行为，最好不要犯：

第一，你从不清楚下属对你的期望，认为去了解这些是浪费时间的事。

第二，你的下属工作表现好，你认为是自己的领导有方；表现不好，就是他们的资质有问题。

第三，从不对任何下属表示有信心，总以为自己的一切比他们强。

第四，不告诉下属公司的现状，任由他们瞎猜，因为你认为自己高高在上，掌握所有他们不知道的事。

第五，绝不协助下属，哪怕你经过某下属的座位时碰跌了他的东西，也不会道歉，更不会替他捡起来。

第六，随意改变规章，而你知道改变的结果会带来怨声载道，却仍然一意孤行。

第七，不理会下属的工作岗位是否对口，只求自己喜欢，任意改动下属的工作。

第八，对异性下属话特多，虽是同性相斥，异性相吸，但这个定律并不适用于上司与下属之间。

第九，永不接纳下属的建议，你的话就是“圣旨”。

人是感情的动物，重要的是你的理智必须高于感情之上，化解自己对下属的不满，才能理智地分解他们对公司或者针对你的不满。

很多时候，单方面的理智不能解决问题，除了个人的修养之外，处理员工不满应注意以下数点：

第一，员工找你投诉某种不满，是希望先得到你的共鸣，以获得解决方法。尝试站在员工的立场想想，重复他所提过的问题，并让他知道，你了解他的心情。

第二，将问题设定在一个范围内，避免东拉西扯地牵出更多问题来。例如他对于取用文具规定太严格而抱怨，你莫将问题扯到经济上，再转到加薪幅度，问题便越扯越大。

第三，说出你替他们解决问题的方法，不要说："你等着吧！我会给你想办法的。"神秘兮兮的方式已不合时宜，他以为你只是敷衍而已。

第四，有可能的话，在你的职权范围内，先给员工一个承诺。没有人喜欢经过一番交谈后，毫无结论地走出你的办公室。当然，这个承诺不能是一张空头支票。

第五，做出改变后一星期左右，你要进行回访，询问近况如何，让他知道你一直关注他曾提出的问题。

第六，不是每个人的表达能力都很好，有些人情绪激动时，说话便失去连贯性。一时间，你只觉千头万绪，不知道他投诉什么。别心急，耐心地聆听整件事，暗中记下你的疑问，再加以询问。

第七，你的声调、表情、肢体语言均影响员工的情绪，轻松诚恳的语调、凡事用询问方式表达、友善的身体语言，对员工有安抚作用。

第八，不是每个员工的问题都能轻易解决。遇到棘手的问题，看看应否召开员工大会，以投票方式决定某些事项。

允许员工适度发牢骚

中国传统文化一直宣扬做人要忍耐、顺应、谦虚，纵心有百般不满，也要万般克制。

唐代诗僧寒山问拾得："世间有人谤我、欺我、辱我、笑我、轻我、贱我、恶我、骗我，如何处置乎？"拾得回答："忍他、让他、避他、由他、耐他、敬他、不要理他，再过几年你且看他。"

两人的对话千百年来脍炙人口，作为很多人的座右铭。但是，如果你达不到拾得那种大师般的境界，那些负面情绪积压太多了还是会坏事的。负面情绪如同水库里的水，水位在增加，你不适时泄洪，压力会越来越大，甚至最终冲破理智的堤坝而失控。

而作为管理者，则应该意识到绝大多数人都是普通人，在负面情绪面前做不到拾得大师那么超然。员工们在工作中发点牢骚以宣泄情绪，并不是坏事，相反还是一件值得鼓励的好事。

根据心理学家的研究：一个人适当发发牢骚，对于身心有益无害。哈佛大学心理学教授梅约通过"谈话试验"活动中总结到：凡是公司中有对工作发牢骚的人，那家公司或老板一定比没有这种人或有这种人而把牢骚埋在肚子里的公司要成功得多。简洁地说，就是：有人发牢骚的公司要比没有人发牢骚的公司要成功得多。这就是著名的“牢骚效应”。

在芝加哥郊外有一家制造工厂，工厂里各种生活和娱乐设施都很齐备，社保、养老金等福利也相当到位。照说在这样的工厂里工作，工人们幸福度会很高，随之而来的干劲儿也会很大。但事与愿违，不仅生产工人工作效率低下，销售人员也是成绩平平。

厂长不知道原因出在哪里，就向哈佛大学心理学系发出了求助信。哈佛大学心理学系在梅约教授的带领下，派出一个专家组对这件事展开了调查。经调查后，专家组发现，厂方原来假定的对工厂生产效率会起极大作用的照明条件、休息时间以及薪水的高低与工作效率的相关性很低，而工厂内自由宽容的群体气氛、工人的工作情绪、责任感与工作效率的相关程度却较大。

在他们进行的这一系列试验研究中，有一个“谈话试验”。具体做法就是专家们找工人个别谈话，而且规定在谈话过程中，专家要耐心倾听工人们对厂方的各种意见和不满，并做详细记录。与此同时，专家对工人的不满意见不准反驳和训斥。这一试验研究的周期是两年。在这两年多的时间里，研究人员前前后后与工人谈话的总数达到了两万人次。

结果他们发现：这两年以来，工厂的产量大幅度提高了。专家组最后得出结论：在这家工厂，长期以来工人对它的各个方面就有诸多不满，但无处发泄；而“谈话试验”使他们的这些不满都发泄出来了，从而感到心情舒畅，所以工作干劲儿高涨。这就是“牢骚效应”。由于这家工厂的名字叫霍桑，人们又将这种现象称为“霍桑效应”。

和治水一样，“治理”不良情绪不能光靠“堵”而不去“疏”。不让员工发牢骚，内心的不满情绪郁积在胸，就会导致公司死气沉沉。而且积压太多，一旦爆发就会矛盾激化，搞不好劳资双方两败俱伤。

梅约教授的“牢骚效应”公布之后，一些美国企业设计了一种叫作 HopDay（发泄日）的制度。在每个月中专门划出一天给员工发泄不满。在这一天，不论职位、不论性别，所有员工都可以对上司与同事说出自己心里的不满，发牢骚是允许的，管理者不许因此迁怒于人。这种设计使下属平时积郁的不满情绪都能得到宣泄，从而大大缓解了他们的工作压力，提高了工作效率。

而在日本的不少企业里，则专门设置了“发泄室”，里面有老板的橡皮模型，还有一些其他提供发泄的器具。据说，多数企业里的老板模型面目皆非、损坏最快。而员工在发泄中，让不满情绪得到了宣泄，从而更加积极地参加工作。

我们现在常说要建立内心的正能量，从“牢骚效应”来看，适当发点牢骚，排除一些负能量，也是增加正能量的方法之一。

化解矛盾冲突，营造和谐氛围

有人的地方，就难免有误会、有矛盾、有争斗。

对于管理者来说，必须有处理矛盾的能力和正确处理矛盾的气度。在处理矛盾的过程中，你必须从团结的愿望出发，与人为善，以理服人。

以下六个原则，是管理者处理团队内矛盾所必须遵守的。

1. 及时解决

发现苗头，及时解决。不要等冲突急剧或矛盾成堆才着手解决。如果矛盾积累多了，许多问题交织在一起，互相牵制，会使简单矛盾复杂化，单一矛盾扩大化，解决矛盾的难度就要增大。

2. 独立解决

千万不要动不动就往上面捅，上面插手常常会让事情更加复杂。若是以通报上级作为要挟，则等于向员工宣告你自己的无能。尽量依靠自己的能力去摆平。当然，有些原则性矛盾或自身难以解决的矛盾，可以适当地求助于上级。

3. 想清楚再动手

了解了全部事实，把利弊都考虑清楚详尽，然后再动手。一定要冷静周密，不可急躁冒进。人一旦处在激情状态下，思维的容量就会变窄，思维的深度就不够了。

4. 迂回解决

管理中有的矛盾处于一种僵持状态，按照常规的方法，做一两次调解，难以奏效，甚至有激化的趋势，成为棘手的难题。这时你就应该寻找第三条通道，采取迂回的方法去解决。把握解决矛盾的目标，选好突破口，将矛盾迅速解决。

5. 不必大张旗鼓

不管是下属与你的矛盾，还是下属之间的矛盾，都最好私下解决。让矛盾于无形之中烟消云散，给当事人都保留了面子。但对那些不伤面子，同时又有普遍教育意义的可以公开，起到教育其他下属的目的。

6. 对恶意制造矛盾者绝不能手软

恶意传闲话者、故意制造事端者、唯恐天下不乱者，要果断解决，坚决辞退。无论他有多高的才能都不能用。

驯服浑身长刺的员工

在你的团队里，总难免有那么一两个头上长角、身上生刺的员工。他们似乎永远也闲不住，这里给你戳个洞，那里给你搞点事，兴风作浪，让你苦不堪言。

对这类员工，驯服是最好的方法。

1. 争强好胜的员工

这类员工狂傲自负，自我表现欲极强，经常会嘲弄、蔑视同事甚至上司。

为什么要让他用嘴皮子证明自己多么牛？

给他一个有难度的任务，让他去做。

成功了，继续委以重任，让他将更多的精力投入工作当中，无形中会减少无所事事中生出的是非。如果的确能力优秀，相信他在屡担重任中会收获不少成就感与荣誉。这时的他反而不会动辄吹嘘卖弄自己，因为他不需要吹嘘了。人之所以争强好胜、吹嘘自己，是因为缺少表现的舞台以及成就感。他有舞台了，也有成就感了，还用得着吹嘘吗？一个真正的亿万富翁，从来不会吹嘘自己多有钱。

如果他做失败了，那么正好用此挫其锐气，让他知道做事没有他想得那么简单。

2. 嫉妒心强的员工

嫉妒心是一种很微妙的心理。有时如魔鬼，蛊惑人走向深渊；有时如精灵，刺激人攀登高峰。

对于嫉妒心强的员工，用好了，能刺激他勇攀高峰。

尽量将员工之间的竞争公开化、量化。你不服，就拿出自己的工作业绩来，以此引导他化嫉妒为上进。

同时，也要注意这类员工的品行。如果一味为了胜出而使出损人的阴招，破坏团队的信任，那么就要收集证据，将之严肃处理，绝不可以姑息。

3. 倚老卖老的员工

管理者的年龄、资历要是比下属高一些，其管理也相对容易些。但管理者若是年轻、工作资历也不够，而下面又有几个跟太上皇打过江山的“老家伙”，其管理难度就大多了。

老家伙们倚老卖老，对企业规章制度置若罔闻，经常评论、挑剔甚至挑战领导权威。此时，你若是逆来顺受，他们就会变本加厉；你若是针锋相对，他们又会明里暗里使你的坏，联合其他下属采取不合作态度，或者越级告你的状。

对这些下属，你需要使用软硬两手。软的，诚心称赞他们的工作表现，虚心请教他们各种问题；奉他们为公司创业元老，视他们为企业宝贵资产。总之，让他们心理平衡。硬的，公事公办，若有违抗命令者，站在公司利益的高度指出其行为的不当，就事论事、有理有据、不卑不亢。

4. 独断专行的员工

这类人好单打独斗，什么事情都喜欢自己拿主意，不愿意向领导请示、汇报。他们虽有一定的判断力，但毕竟只是站在一个比较低的位置来考虑问题，因此常常会在自以为是中做错事。

对于这类下属，你要拿起工作制度和纪律条文，清楚告诉他们的权限在哪里，甚至可以在大会上有意无意地把他的权限公布，让其他员工都清楚。

当他们在执行任务时，你需要适时地跟进、监督，知道项目的进展与对策，确保不走向歧途。

如果你有能力驾驭独断专行的“野马”，他们能够成为你的左膀右臂。多数有能力的职场人，多少都有点自负。有些有经验的领导甚至特意选用这种缺点明显的人来重点培养。

扔掉“烂苹果”，倡导团队正能量

公司就是一个小社会，难免出现一两个奇葩：他总是把工作看得比上大刑还要糟糕，坏脾气把同事们搞得情绪低落，还常常违反公司的规章制度，从而影响了团队的工作效率和成果。这样的人就是公司里的“烂苹果”。

这些不敬业、不服管理的人，就像苹果箱里携带细菌的烂苹果——如果你不及时扔掉，它会迅速传染，把箱里其他苹果也弄烂。

华盛顿大学商学院的管理专家在《组织行为学研究》上发表的一份报告，对美国企业中存在的普遍问题进行了研究，指出“烂苹果”会影响其他员工的士气，从而造成整个工作团队的破裂。当“烂苹果”存在的时候，人们可能就不愿意去处理出现的问题，甚至不愿意与别人进行开诚布公的交流，因此使一个团队的作用得不到发挥——在这种情况下，企业很难有出众的表现和达到较高的生产力。

“烂苹果”的可怕之处在于它那惊人的负能量。组织系统往往是脆弱的，它是建立在相互理解、妥协和容忍的基础上的，它很容易被侵害、被毒化——因为破坏总比建设容易。

烂苹果定律告诉我们：对于胡卓辉的员工，要在其开始破坏之前果断亮剑。姑息的结果只能是“姑息养奸”。

以下是公司七大“烂苹果”（排名不分先后），检视一下你的果箱里有没有。有的话，尽快扔掉——

1. 搬弄是非的人

在“盘点令人讨厌的同事”中，搬弄是非的人名列榜首。这些长舌妇（男），喜欢捕风捉影，说三道四。小到办公室绯闻，大到公司方针，无风三尺浪，有风起巨浪，不管事实真相，仅凭自己主观臆断擅自散发谣言，把一些子虚乌有的事描述得绘声绘色。这种人业绩再强也要清除，因为他们破坏了团队的团结与和谐。

2. 损公肥私的人

不要以为飞单才是“罪不容赦”。凡事都有一个由小到大的嬗变，小时偷针大了偷牛。公司的吃里爬外，首先都是从利用办公室的小物资——纸笔、电脑，再到汽车私用，然后是虚填报销单。对这种行为应该采取高压措施，贪小便宜成性的人必须及时清理。

3. 一心多用的人

这些人或基于经济原因，或源于个人能力，身兼多职。除了在本公司上班外，或在保险公司当业务员，或在化妆品、保健品公司当直销员。当然，他们会尽量隐瞒兼职的真相，但你若是细心，总能发现一些蛛丝马迹。例如一些与本公司无关的业务电话，或经常请假（去应付兼职的事务）。一心不能二用，这种打多份工的人，最好是请其走人。

4. 骑驴找马的人

身在曹营心在汉，此时不走只是因为还没有找到合适的下家。这样的人留之何用？不但无法有效完成本职工作，还有动摇其他员工信心的隐患："某某公司底薪比这里高，提成也不低，我打算去，你们……"这类真真假假的信息，若是在同事中传播，贻害无穷。

5. 借口多多的人

这类员工永远不缺借口，不管这些借口是多么苍白无力甚至可笑——也能"理直气壮"。当你就一个问题对他进行问责时，他几乎是条件反射般地把责任推开。说实话，这种人让他的上级很无语。但真正的"无语"显然于事无补，最好的语言是请他走人。

6. 心胸狭窄的人

心胸狭窄的人在团队中是一个不和谐的音符。这样的人睚眦必报，一点小事也记在心头要扳回这局，闹得团队里硝烟弥漫、摩擦不断。这种人处处树敌，绝对是团队中的害群之马。团队中只要有一个这样的人，势必搞得鸡飞狗跳。

7. 怨言不断的人

公司里适度的抱怨是允许的，但不能总是怒气冲天、牢骚满腹，逢事就大呼不平，见人就大倒苦水。这种祥林嫂般的唠叨，会影响到其他人的情绪。既然他对目前工作如此不满，为何不让他另寻高就呢？

经济学里有一个理论，叫"劣币驱逐良币"，指当一个国家同时流通两种实际价值不同而法定比价不变的货币时，实际价值高的货币（足金良币）必然要被熔化、收藏或输出而退出流通领域，而实际价值低的货币（含金量不足的劣币）反而充斥市场。

在团队里，也有“劣币驱逐良币”现象。真正的人才不屑于混迹于庸人之中，而退出企业另寻高枝，剩下的都是些庸人。如此一来，你的团队会逐渐地向下沉沦，直到万劫不复。

解雇员工要讲方法

解雇是管理者在工作中最难做的一件事。

特别是对于那些第一次“操刀”的管理者来说，需要承受很大的心理压力，他甚至会为此整夜失眠。

曾解雇过数百人的通用电气原董事长韦尔奇，创造出“诚实的残忍”（HONEST CRUELTY）的解雇策略，将解雇这样一个残忍的事情淡化，使得公司的解雇决策有理有据，使被解雇的员工心服口服，避免了劳资双方无谓的争吵，也避免了本不应该发生的劳资纠纷。

借鉴韦尔奇的“诚实的残忍”策略，结合本土的法律与人文，笔者梳理出以下解雇员工的几个步骤：

1. 建立完善的绩效管理体系

这个员工虽然“不称职”，但要如何证明？

健全的考核制度。尽管那些被辞退的人在管理者看来是不称职的，但嘴里说说很难让员工信服。如果企业拥有完善的考核制度，定期测评，并给每位员工建立考核档案，就不会在辞退员工之前头疼了。而没有健全的考核制度作为保障，经理们辞退的更像是“不满意”而非“不称职”的员工。

值得注意的是：就算劳动者被证明不能胜任原工作，根据我国的劳动法规定也不能立即解雇，用人单位需要对其进行培训或调岗，仍不能胜任工作的才可以解雇。

2. 做好有关员工绩效表现的记录

你说他“表现恶劣”，证据何在?

这就需要管理者在平时认真观察并记录员工的绩效表现，形成系列化的文档。比较典型和重大的事件还应该请员工签字认可，以便于做绩效考核平时的文字资料。使绩效考核有据可依，有据可查。“有据可依，有据可查”，是你需要牢记的一个原则。

3. 将员工的绩效表现反馈给员工

员工的绩效表现好还是不好，都要及时反馈给员工。没有一个表现恶劣的员工会意识到自己身上的问题——他们多数还会自我感觉良好。不要害怕矛盾与冲突，及时真诚的反馈是减少矛盾与冲突的最好的办法。通过持续不断的反馈，让员工正确认识自己的不足，不断改进，不断调整，使他们更好地适应公司的要求。

4. 下最后通牒

突然而至的解雇，是最让被解雇者难以接受的，也最容易引起误会、激化矛盾。所以，在下决定之前，经理应该对员工进行约谈，告诉员工若再不改进就会面临何种结果。否则，公司将不得已实施解雇行动。

5. 快刀斩乱麻

如果决定要解雇某人，就不要在面谈中动摇。最后通牒已经下过了，机会也给过了，没必要再给“最后”的机会。（有多少个最后？）决定了就去执行，以事实为依据直奔主题。无须绕弯子兜圈子，简明扼要，最好在15分钟之内就结束谈话。从一开始就表现得坚决一点，不要被对方的保证或求情所动摇。当然，在传达决定和执行过程中要友善一些。

宣布解雇决定的那天，就是这个员工最后一次在办公室出现的时间。拖延时间没有半点好处，可能会发生造谣、偷窃甚至疾病等意外情况。

6. 事后保持缄默

解雇一个员工，除非那种满身长刺的稀有极品，否则多少都会得到同事的同情。兔死狐悲？杀鸡骇猴？尽管不太准确，但还是有那么一点意思。

没必要向员工解释为什么要解雇他，缄默是最好的选择。一解释，就容易引起诸多误会、矛盾。你说的每一句话，很可能会传到被解雇的人耳中甚至被添油加醋。而且，这种背后论人是非的行为，也会让在座者心寒。

解雇员工不是一个简单随意的行为，处理不好容易引起一连串麻烦。

解雇员工时需要注意的法律问题

近年来，随着劳动者法律意识的提升，劳资纠纷每年以两位数的百分比上升。其中，多数纠纷是因为解雇而引起的，也就是用人单位单方面解除与劳动者的劳动合同。

上海一家公司解雇了不称职的员工张三（化名）。张三不服，一纸诉状诉到了劳动仲裁部门。仲裁部门到公司展开了调查取证工作，虽然有公司管理者与部分员工站出来证明张三工作态度消极、工作能力低、纪律性不强，但是仲裁部门还是判决公司违约，需要支付一笔不小的补偿金。

大同小异的案例比比皆是。这提醒管理人员：解雇员工一定需要充足的理由，这个理由要具备法律依据。否则，劳资纠纷一旦出现，公司将处于不利地位。

由于解雇的举证责任往往由用人单位承担，因此公司在解雇员工时应至少考虑三个问题：解雇员工的法律依据是什么？有哪些事实依据？需要遵循什么程序？

1. 解雇员工的法律依据

（1）国家劳动法律法规

应当遵守《劳动法》《劳动合同法》等基本法律，其他相关的行政法规和司法解释，以及与工资、工时、社会保险等方面的有关行政法规、规章和政策等。

（2）企业的规章制度

如果员工严重违反企业规章制度，用人单位可解除劳动合同。前提是：企业规章制度的内容合法、程序合法。

2. 解雇员工的事实依据

用人单位单方面解除劳动合同要有合法的事由，即在作出解除劳动合同决定时不得随意，应有相应的事实材料证明劳动者有下列可解除的事由：

（1）即时通知解除的事由

例如：

在试用期间被证明不符合录用条件的；

严重违反用人单位的规章制度的；

严重失职，营私舞弊，给用人单位造成重大损害的；

劳动者同时与其他用人单位建立劳动关系，对完成本单位的工作任务造成严重影响，或者经用人单位提出，拒不改正的；

因劳动者过错致使劳动合同无效的；

被依法追究刑事责任的。

（2）预告通知解除的事由

预告通知解除是指用人单位需提前30日以书面形式通知劳动者本人或者额外支付劳动者一个月工资后可以解除劳动合同的情形。具体包括以下三种：

劳动者患病或者非因工负伤，在规定的医疗期满后不能从事原工作，也不能从事由用人单位另行安排的工作的；

劳动者不能胜任工作，经过培训或者调整工作岗位，仍不能胜任工作的；

劳动合同订立时所依据的客观情况发生重大变化，致使劳动合同无法履行，经用人单位与劳动者协商，未能就变更劳动合同内容达成协议的。

3. 解雇员工的程序要合法

不管即时解除劳动合同，还是预告性解除劳动合同，依据《劳动合同法》第四十三条的规定，用人单位解雇员工应当遵循下列程序：

第一，用人单位依法作出解除劳动合同的决定。

第二，将理由通知工会；工会经研究，如认为不应当解除的，有权要求企业纠正；用人单位研究工会的意见，将处理结果通知工会。

第三，工会认为解除合同适当的，用人单位即解除劳动合同。

总之，企业应树立依法治企的理念，建立完善的规章制度，加强日常的管理工作，注重文件和档案材料的收集和保存，这样才能尽可能减少用工法律风险。

第九章
有效沟通——管理者必备技能

我是个职业董事长，我领导万科的秘诀，就是不断地交谈沟通——与投资人、股东、经理层和员工。

——王石

我觉得有两个技能很重要。一是沟通力，二是人才管理的能力。但没有好的沟通能力，一切都无从谈起。

——约玛·奥利拉

一场争论可能是两个心灵之间的捷径。

——哈·纪伯伦

用好人称代词，拉近与员工的距离

1. 不要总说“我”

经常把“我”字摆在嘴边的人，会给人留下突出自我、标榜自我的不良印象。这会在你与他人之间筑起一条防线，形成人与人之间的隔膜，一种疏离感油然而生！

如果能把“我”字变成“我们”，则显得非常谦虚，说出来的话别人也更愿意听。不信，试试用“我们”来代替“我”，你一定会发现这次沟通与以往确实有所不同。

“我们的部门非常优秀”“我们来年的目标一定会实现”……这样说，听上去是不是比用“我”要感觉有更多的认同感呢？

亨利·福特二世曾说：“无聊的人是把拳头往自己嘴里塞的人，也是‘我’字的专卖者。”的确，很多人在说话中总是“我”字挂帅。这些“我”字挂帅的人，不妨从以下三点做一些改变——

（1）尽量用别的词代替“我”

汉字博大精髓，你看“我”这个字，是“手”和“戈”的组合。我手里持武器（戈），你会感觉如何？是不是会不太舒服？而如果在允许的情况下，用“我们”抑或更亲切一点的“咱们”一词代替“我”。以复数的第一人称代替单数的第一人称，则你会与沟通方如同在一个战壕了。这样可缩短双方的心理距离，促进彼此情感的交流。

比如："我建议，今天下午……"可以改成："今天下午，我们……好吗？"

（2）能省略"我"字的时候，就不必说出

比如："我对我们公司的员工最近做过一次调查统计，（我）发现有40%的员工对公司有不满情绪，（我认为）这些不满情绪来自奖金的分配不公，（我建议）是不是可以……"

第一句用了"我"，主词已经很明确，那么后面括号中的"我"不妨统统省去。这对句子意思的表达毫无影响，且能使句子显得更简洁，又能使"我"不至于太突出。

（3）尽量以平稳和缓的语调淡化"我"字

在必须用到"我"这个字时，声调不要那么高，不要读成重音，语音也不要拖长。总之，低调一点。

另外，行为举止方面也要加以注意，目光不要咄咄逼人，表情不要眉飞色舞，神态不要得意扬扬，说话的语气也要尽量做到平淡。应该把表达的重点放在事件的客观叙述上，而不要突出做这件事的"我"，更不要使听的人觉得你高人一等，是在吹嘘自己。

身处团队之中，领导要多说"我们"少说"我"。如：我们部门；我们的目标；我们尽了很大的力气；我们也走过弯路；我们信心十足……如果用"我"，意思上也行得通，但是给人的感觉就没有那么亲切了。

2. 尽量用"我们"代替"你们"

把"你"换成"我们"之后，对方就受用多了。因为前者有指责的味道，后者有共同承担的意思。

在公司里，把说“你”（你们）的话巧妙地变成“我们”，表明了“我”和“你”同处一个叫“我们”的战壕里，是同甘共苦的“兄弟”。需要注意的是：“我们”要用得巧妙，不要生硬。有些是可以替换的，有些是不能替换的。

如：“你们这个月的任务又没有完成”可以变成：“我们这个月的任务又没有完成。”“和你说过多少次了，开会要带纸和笔……”可以变为：“我们说过多少次了，开会要带纸和笔……”

而：“你们还有其他问题吗”就不能变成：“我们还有其他问题吗”（意思变了）。“就这件事，你写一个提案……”也不能变成：“就这件事，我们写一个提案……”（小心对方肩上的“猴子”）。

因此，我们应该尽量多说“我们”，少说“你们”和“你”，而不是不说“你们”和“你”。

3. 用“我”也能代替“你”

我们说过，“我”和“你”以及“你们”这三个词要少说。但有一种情况之下，可以多用“我”，而少用“你”以及“你们”。

也许有人会纳闷：主语换了，意思不是会变吗？

别急，请看例子：

几个员工集体犯了错，李经理说：“你们怎么会犯这样的错呢？”不如说：“我感到很遗憾。”或“我感到很痛心”。两者视错误的程度而定。

如果有人没有遵守承诺，不要指责他：“你怎么不讲信用！”不如这么说：“我很失望！”

描述自己的心理比指责对方的行为更有效。因为前者是打开自己的心门请对方来做客，容易引起对方的愧疚与反思；而后者是攻击，容易激起对方的不自觉的防卫心理。

下次，当你要指责与批评员工时，不妨告诉他“我”的感受，而不是用“你”来进攻他。

开好每周例会

周例会是推行目标管理的重要手段，其主要功能是工作进度通报、问题现场解答与协调以及一定的即时激励。

1. 周例会十六字方针

笔者设计出周例会的十六字方针：监督进度、会诊问题、计划下周、打气加油。

（1）监督进度

首先向大家通报上周的业务概貌，然后逐个落实：

上周计划内的工作完成如何？没完成的原因何在？

每个与会人员都要带着专门的笔记本，上面记录了上次例会时的一周计划：拜访A公司市场部总监，补齐B项目的前期资料，拿到C合同的尾款……管理者要通过上周会议纪要予以确认，一条一条过。

IBM前总裁郭士纳说过，“员工不会做你希望的，只会做你监督和检查的”。这句话道出了检查和监督的重要作用。有了这种定期检查机制之后，员工在工作上自然不敢怠慢。

（2）会诊问题

你现在遇上了哪些难以解决的困难或存在哪些业务上的困惑？亮出来，大家一起会诊、支着儿。

这种会诊，既能帮助当事人解决实际问题，又能让其他人通过案例学习提升能力，还能让团队成员的关系更加紧密。有些现场不够时间解决的问题，管理者可以另约时间单独深谈。

一旦员工觉得晨会是解决难题、寻求帮助的场所，他们就会热衷于参加晨会。

（3）计划下周

下一周你的任务是什么？具体的计划如何？完成任务的各个时间节点是什么时候？

当员工明确了下周的目标和计划后，效率就会大幅度提高。不会东忙西忙，拿着包出去又不知该往哪里去。而对时间节点的明确，保证了工作有条不紊地向前推进。

这些目标、计划与节点，除有专门的会议记录外，与会的人都要记录在各自的笔记本上。有会议记录的好处是：可以随时翻看记录本，对业务部的整体业务状态了然在胸。

（4）打气加油

对于从事销售的业务员来说，什么最重要？

产品？市场？政策？口才？人脉？经验？

这些都重要，但最重要的是激情。将这些加起来，再乘以激情，就是一个业务员的工作业绩。如果激情是 0，结果就会变成 0。

凡是激情四射的员工，业绩总是傲人的。即便一时业绩不佳，但要不了多久就会出众。

成功是一种状态。为了让这种状态持续保持高昂，需要适时打打气、加加油。周一的例会，无疑是打气加油的好时机。

光嘴上说当然不够。为了增加对参会人员的刺激，还要设计一些现场激励政策，例如目标达成最优、进步最大、建议最好等奖励对相关人员进行即时激励，起到鼓励先进、鞭策后进之目的。

一般来说，在例会结束前的十分钟进行加油打气工作。

2. 例会六原则

例会对集思广益、消除误解、做出决策有其重要意义。但现在，许多例会成了一种形式、一块“鸡肋”。有的会议议题繁多，只议不决；有的会议拖拉严重，形成了效率低下的“大尾巴会”；有的会议，参加人数众多，无多大关系“陪绑”的现象严重；有的会议成为领导“一言堂”，失去了会议的意义。

总之，低效的会议、无用的会议、拖拉的会议、陪绑的会议，既浪费了大家的时间，又制造了“文山会海”，已成了许多公司效率低下、成本增大的重要环节。如何才会开好高效的会议？

（1）经理必须到场

经理不到场，例会走过场。群龙无首的例会约等于聊天，由上上级或其他部门的领导客串主持也不靠谱——不熟悉情况只能泛泛而谈。

（2）员工不许缺席

人数少通过点名确认，人数多通过签到表核查。若有恰好需要见重要客户之类的公事，或有重要的私事要办，需要提前请假。

（3）紧扣周工作计划

例会紧扣“十六字方针”展开，雷打不动。其他专题会——如公司新政策学习与贯彻、员工培训，都另外安排时间。

（4）做好会议记录

与会人员必须按会议记录格式，做好与自己工作有关内容的记录。整个例会由专人整理会议纪要，主要记录工作的进程、时间节点、难点、责任人，供下次例会检查工作的完成情况。

（5）时间控制在 1 小时内

科学研究表明，一个人保持注意力的集中时间在 30—45 分钟，所以建议晨会最好控制在 1 个小时之内，从而节省出更多的时间让员工处理事务性工作。

（6）每周必须召开

例会的“例”，是惯例的意思。因此例会是一种习惯性的会议，时间、地点、程序应该相对固定，不可随意更改或取消。

3. 如何主持例会

（1）准备要充分

开会所需要运用的材料与文件，例如上周的会议纪要、工作业绩表等，先要浏览一遍，并分门别类放好，免得开会时东翻西找，既影响会议气氛，又浪费大家时间。

（2）合理安排议程时间

在不超过一小时的前提下，分配好各项议程的时间。

（3）少泼冷水

周一早上的例会，是一周之“春”，也是一日之晨，领导应该多给团队鼓舞士气，调动大家工作的热情和积极性。而不是一大早就给员工“泼冷水”，使得人员情绪低落，影响他们一天乃至一周的工作积极性，同时这样的情绪会影响整个团队。长此下去，员工不仅会讨厌晨会，还会丧失工作激情。

（4）多听诉说

业务员整天和客户打交道，难免会碰上一些困惑、挫折或打击。当他们在例会上提出困惑或大倒苦水时，领导应该认真倾听，而不是粗暴地打断他，让业务员无法感到应有的尊重。

一对一沟通，高效解决问题

无论是在部队的指导员，还是在学校的老师，乃至居委会大妈，都擅长用这种一对一沟通方式。在《财富》美国 100 家卓越雇主之一的英特尔公司，将一对一沟通作为企业文化的一部分。其中国区总裁陈伟锭坦言自己有 40% 的时间都用在与员工的一对一沟通上。

1. 一对一沟通的必要性

首先，一对一沟通是很实用的诊断工具。

团队有哪些不和谐音符？产品（服务）有哪些瑕疵？制度有哪些不合理？

这些问题不是开几场会议就能诊断出来的。在与下属单独沟通时（更重要的是聆听），往往能从他们的言语中获得一些蛛丝马迹。这时如果你循着线索深入挖掘，就能诊断出企业所面临的诸多问题，趁问题尚未恶化及时解决。

其次，可以更加深入地了解你的员工。

你知道他们在想什么吗？他们需要什么吗？他们的性格、特点是什么？

龙生九子，各个不同——不仅个性上有差异，你的员工的职业目标、工作特长都有差异。通过一对一沟通，你就能更深入地了解他们。继而可以有针对性地开展管理工作。

最后，有助于增加团队成员的信任感与忠诚度。

信任是最稀缺的资源，有效沟通是达成共识的手段。在企业中，上下级的矛盾大部分来源于误会，而导致误会的原因是缺乏沟通。以平常心态，与下属在沟通中增进相互了解，以便能达成共识，提升相互之间的信任感。

很多研究表明远程员工如果能够和经理维持良好关系的话，他们的忠诚度还是很高的。如果他们和经理们在工作之余没什么联系的话，他们很有可能会成为招聘人员的目标。

2. 一对一沟通的四项原则

（1）放下你的架子

“喂，张三，来我办公室一下！”这样居高临下的口气，让员工感受不到平等沟通的气氛。一对一沟通是以员工为中心而不是以经理为中心，经理只有抛开当官的架子，员工才会真正与你推心置腹；你要是打着官腔，员工将例行公事地应付你一番。

（2）对不同的人使用不同的语言

“小赵，我女儿也是你这么大，也刚参加工作……”这样的话对“90后”说，是不是很容易入耳呢？不同的员工往往有不同的年龄、教育和文化背景，这就可能使他们对相同的话产生不同的理解。与他们沟通时最好使用他们习惯的语言。

（3）多听少说

经理应该用10%的时间来讲话，用90%的时间来倾听。这跟平时的一对多的会议是完全反过来的。此外，在倾听的过程中，经理要集中精力，不能一会儿打个电话，一会儿传份资料，心不在焉会让员工失去兴致。

（4）避免负面情绪

经理与员工进行沟通时，应该尽量保持理性和克制，如果出现情绪失控，则应当暂停进一步沟通，直至恢复平静。

提高说服力，让下属打心底服膺

1. 多说服，少命令

上下级在工作交流过程中用得最多的方式，一是命令，二是说服。

命令是一种硬权力，以直接对下属发出行政指令的方式来完成工作部署和安排。命令如山，不打折扣，没有商量的余地。说服是一种软权力，通过沟通让下属自愿按照你的部署或安排去做，较为温和友善。

约翰·肯尼迪在美国总统任职演说中，提到过“说服”：“让我们从头做起，双方都牢记，礼貌并不标志虚弱，诚挚总要经受考验，永远不要因为惧怕而说服，但永远也不要惧怕说服。”

在西方，“禁止吸烟”（No Smoking）这样的标志正逐渐被“无烟设施”（Smoke Free Building）所取代，因为前者过于严厉、带有命令的口气。

曾有一个名牌大学毕业的新员工，任某公司的测试工程师。可试用期没满，他就向主管提出转岗的申请。他认为自己当测试工程师太屈才，公司应该安排他担任软件研发工程师。

主管觉得这个员工目前的能力和素质，就只能做测试工程师。但不能生硬地说：你目前只能做这个。或者说：这是公司决定，你必须服从。“如果这样，很可能他就走了，因为他觉得你不尊重他。我所要做的，是帮助他发现工作的意义。”

因此，主管告诉他，测试工程师并不比研发工程师地位低。在美国，软件测试工程师和研发工程师的比例是 7 ：3，充分说明测试工程师的重要性。只有把好测试关才能让研发出来的产品更符合客户需求。

“告诉他测试的重要性还不够，还得进一步帮助他挖掘工作的意义。”主管继续分析，如果他还是希望从事研发，那么在担任测试工程师时，他应该多积累、多思考。了解错误密集处，找到软件中造成 Bugs 的规律性东西。今后如果他从事研发，就能及时规避这些错误。

一番中肯的分析，让这个感觉怀才不遇的员工开开心心地做起测试工程师。之后，就如主管所预测的那样：一年后，因为配合的研发团队项目出错率为零，新员工如愿成为研发工程师；做了一年多研发工程师，就成为项目经理。他对错误密集处有清醒的认识：如工程师的个人工作习惯可能会导致怎样的错误、项目过程中因为疲劳易产生什么错误等。

“他今天的成功验证了我当初的话。正因为我站在他的立场帮他分析，才打动他。若单纯说教、命令，谈什么服从公司利益、听从分配，他不会心悦诚服。”主管说。

需要说明的是：“说服”与“命令”并不是孤立、对立的，常常是你中有我、我中有你。一些做事雷厉风行的管理者，喜欢省略“说服”，直接用命令来贯彻意图。殊不知，这种让人屈服的手段带来的只是被动服从，其结果往往是低效甚至无效、负效。只有让他们折服，才能充分发挥下属的主动性、创造性，获得高效益。

2. 说服的三大原则

电影《天下无贼》里有句有名的台词："最烦你们这些打劫的，一点技术含量也没有！"抢劫用的是暴力，用刀枪棍棒的威逼来获得财物，技术含量低。现在有少数管理者，在所谓雷厉风行的幌子下，一道又一道的强制命令发下去，实在也如抢劫犯一样，一点技术含量也没有。

在领导工作中，要想练就强大的说服力，有三大原则需要注意：

（1）互惠互利，双赢至上

不要老是强调"集体利益"，要挖掘出下属的个人利益。

只讲奉献不求收获的旧船票，已经登不上时代发展的新客船。现在讲究的是双赢：集体利益要保证，个人利益需兼顾。

因此，在你说服下属如何去做事时，尽管心里想着的是公司利益、团队利益，但一定要站在下属的角度，说说能给他带来哪些个人利益。

（2）是非曲直，对比判断

"横看成岭侧成峰，远近高低各不同。不识庐山真面目，只缘身在此山中。"

人们经常会被情感、欲望以及种种错综复杂的事件蒙蔽了双眼，以致不能明白中间的利害关系。要想说服别人，就需要帮助对方拨开眼前的迷雾，拓宽狭隘的视野。这就不仅需要一个如簧之舌，还要有透过现象抓住本质的锐利眼光。

一般来说，身在管理岗位的人，其信息掌握得要比下级多，视野也相对宽阔，因此你完全有条件、有能力来抓住问题的关键，条分缕析、一针见血，将其中的利弊区分得清清楚楚。

在不违背原则的前提下，人人都具有趋利避害的天性。如果你能将利弊关系讲清楚，下属自然就会做出对自己有利的选择。

（3）进退有度，从容不迫

当说服遇到阻力时，无休止的争辩是没有意义的，即使赢了，也只是口头上胜利。

操之过急是说服的大敌。聪明的管理者会认真地记下对方反对的理由，然后退下来。

在给对方一定的时间思考与消化的同时，也给自己一点时间平复心情，并再次组织有针对性的说服工作。

